Il Vangelo perduto di Natanaele

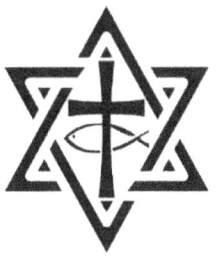

Dott. Federico Elizondo B. DD.
Zaqen dell'Ordine dei
Nazareni del Cammino

Il Vangelo perduto di Natanaele

Autore: dott. Federico Elizondo Barrera

Tutti i diritti riservati

Questo libro è stato pubblicato in modalità di autopubblicazione dall'autore officiando anche come editore. Nessuna sezione di questo materiale può essere riprodotta in qualsiasi forma e con qualsiasi mezzo senza l'espressa autorizzazione del suo autore. Ciò include, ma non è limitato a ristampe, strati, fotocopie, registrazione o qualsiasi altro mezzo di riproduzione.

Cifra Identificatore: ISBN: 9798341044005

Opera protetta da Copyright

Indirizzo del Registro Pubblico del Diritto d'Autore, No: 03-2023-061914134700-01

Dedica

Dedico questo libro alla mia amata moglie Anilu Lozano Tijerina. Grazie a lei i momenti migliori della mia vita sono stati quelli che ho goduto nella mia casa, in compagnia delle mie figlie, generi e nipoti.

Ringraziamento

Vorrei esprimere il mio sincero ringraziamento alla dott.ssa Lorena Piña Gómez, a ldo. Cecilio Ismael González Huerta e al reverendo Juan Manuel Badillo Garza per avermi incoraggiato a scrivere questo romanzo. Molte grazie per il vostro prezioso aiuto nella revisione dello stile letterario e nell'edizione di quest'opera. Aver contato su di voi è stato di grande benedizione.

Sono Bartolomé, detto anche Natanaele. Sono nato a Cana di Galilea, vicino al lago Gennesaret, al tempo dell'imperatore romano Giulio Cesare Augusto. Eccomi, ebreo di nascita; temendo la giustizia di Dio, rispettoso della Legge data a Mosè e, come mio padre, pescatore.

Per grazia di Adonai sono stato chiamato ad essere apostolo di Gesù Cristo e oggi sono testimone della più grande storia d'amore che sia mai esistita. Dopo la luna nuova del mese di Nisan, all'ora terza del giorno dopo il levar del sole, pregavo e rammendavo le reti all'ombra di un fico. Ripeteva con insistenza più e più volte: *Il mio cuore mi parla di te: "Cerca il mio volto!" E io, Signore, cerco il tuo volto. Non nascondermi il tuo volto, non respingere con ira il tuo servo; Tu sei il mio aiuto: non lasciarmi, non abbandonarmi, mio Dio Salvatore. Se mio padre e mia madre mi abbandonano, il Signore mi accoglierà.*

Mostrami, Signore, la tua via, guidami sulla retta via perché ho dei nemici. Non lasciarmi in balia dei miei rivali, che sollevano falsi testimoni contro di me e la violenza dilaga. Confido di vedere la bontà del Signore nella terra dei viventi. Spera nel Signore, sii forte, sii fermo; riponi la tua speranza nel Signore.

Ho sentito dei passi e quando ho alzato lo sguardo ho visto Filippo, volevo salutarlo e lui mi ha interrotto:

—Natanaele, Andrea, Pietro e io abbiamo trovato colui del quale Mosè scrisse nella Legge! Forza, vieni con me, smettiamo di mangiare fichi e ascoltiamo i suoi insegnamenti.

—Mi vedi lavorare e non mi offri aiuto, ostacoli la mia preghiera e mi accusi di mangiare fichi! E tutto per un altro pazzo che crede di essere l'atteso redentore. Se quello che dici fosse l'unto, tutto Israele sarebbe già in armi. Come Mosè ci ha liberato dagli egiziani, il Messia ci libererà dai romani. Non occuparmi più del mio tempo. Non vedi che sono occupato a riparare le reti? Non dovresti fare lo stesso? Domani all'alba andremo a pescare.

—Ascoltami per favore! Cos'è più importante? Ascoltare il Messia o continuare a ricucire le reti?

—Certo che aggiusta le reti! Ma calmati e dimmi, di chi stai parlando? Quali segni mostrano che le Scritture si sono adempiute?

—È Gesù, il figlio di Giuseppe falegname e di Maria di Nazaret.

—Puff!... Ma Filippo, quando hai saputo che da quella polverosa cittadina chiamata Nazaret viene qualcosa di buono? Quello *shtick*[1] non è sicuramente

---

[1] Un commediante.

il Messia atteso. Ricorda che Michea profetizzò che il Messia sarebbe nato a Betlemme.

—Non so dove sia nato, dicono che venisse da Nazaret, vieni, andiamo a chiederglielo. Ascoltatelo e vedete voi stessi, Gesù è colui di cui parlano i profeti.

—Ebbene, verrò con te e al ritorno mi aiuterai a tessere le reti..., ma vedrai, che Gesù è solo un altro eccentrico che si fa chiamare il Messia. Ricordatevi delle Scritture: il Messia regnerà in Israele e quel pover'uomo riesce a malapena a fare uno sgabello a tre gambe.

Mentre camminavamo, Filippo ha condiviso con me le meraviglie che aveva ascoltato dal Nazareno e io sono rimasto incredulo. Dopo una breve passeggiata raggiungemmo le rive del Mar di Galilea. Là, seduto su un mucchio di reti da pesca, c'era Gesù e davanti a lui Andrea e Pietro lo ascoltavano attenti. Vedendoli così tranquilli, mi sono lamentato con Filippo:

—Guarda, *Schlemiel*[2]! Hanno già finito di ricucire le reti e invece tu ed io stiamo perdendo tempo qui.

Senza prestarmi attenzione, Filippo si rivolse al Nazareno e, dopo averlo salutato, annunciò:

—Rabbi, ho portato con me un amico!

Gesù, udendo la voce di Filippo, si voltò e quando mi vide... *si sedette accanto a Mattia durante la cena pasquale...* mi ricevette dicendo: «La pace sia con voi»... *Come deve aver sofferto quando fu scorticato per aver difeso la buona novella!...* Poi, rivolto a Filippo, esclamò:

---

[2] Una persona goffa, incapace.

—*Ecco un vero Israelita, in cui non c'è inganno. Natanaele, siediti accanto a me.*

Gli occhi di Natanaele brillarono quando sentì il Maestro pronunciare il suo nome.

Sono rimasta scossa quando ho sentito lo sguardo tenero di Cristo penetrare nel profondo del mio essere. Un sentimento di gioia mi circondava e una pace che superava la mia comprensione mi avvolgeva in un abbraccio celestiale. In quel momento un impeto di amore traboccante mi ha attraversato tutto il corpo e mi sono sentito come rinato e, dopo un breve silenzio, ho chiesto con voce rotta dall'emozione: "Rabbi, da dove mi conosci?"

Gesù mi ha risposto con serenità:

—*Prima che Filippo ti chiamasse, quando eri sotto il fico, ti ho visto e ho sentito la tua preghiera.*

Le parole di Gesù risuonavano nel mio cuore, perché ricordavo che, mentre pregavo e meditavo quel salmo sotto il fico, chiedevo al Signore di mostrarmi il suo volto. Ho tremato quando ho capito che ero al cospetto dell'Altissimo e ho abbassato lo sguardo. Tra i singhiozzi ho ricordato le sacre parole che ci avvertono: "Non potete vedere il mio volto; perché nessuno può vedermi e vivere".

In quel momento ho pensato che sarei morto, sono caduto prostrato e ho sentito che qualcosa si rompeva dentro di me, facendo uscire la mia religiosità, la mia ignoranza. Un vuoto arido e silenzioso agitava tutto il mio essere e, vedendomi perduto, gridavo a Yahve: "Dio mio, abbi pietà di me". Un calore curativo percorse il mio corpo e le lacrime mi salirono agli occhi. Con mia sorpresa erano lacrime agrodolci con un sapore di libertà.

Mi sono sentito libero di piangere, libero di pregare e libero dalla colpa dei peccati coperti dal sangue degli agnelli sacrificati per le mie colpe. Guardavo però per terra senza poter alzare il viso, ero sopraffatto dalla vergogna; una vergogna profonda e dolorosa nel sentire la mia debolezza. Umiliato, arreso davanti alla presenza del mio Creatore, ho chiesto perdono e gli ho dato il mio cammino, dicendo: "Mio Signore, metto la mia vita nelle tue mani, guidami oggi e sempre, riempi i miei giorni di benedizioni e tienimi lontano da ogni male".

Capii che *Hashem* aveva ascoltato le mie preghiere e confessai davanti agli uomini e davanti al cielo: "Rabbi, tu sei il Figlio di Dio; il Messia tanto atteso, tu sei il Re d'Israele".

Il Maestro si avvicinò, mi mise una mano sul capo e con voce ferma e sicura mi chiese:

—*Perché ti ho detto che ti avevo visto sotto il fico, credi? Vedi cose più grandi di queste. Non vergognarti della tua debolezza, mio Padre, il Creatore dell'universo, ci perfeziona nella debolezza. In verità, in verità vi dico: d'ora in poi vedrete il cielo aperto e gli angeli di Dio salire e scendere sul Figlio dell'uomo. Natanaele, smetti di tessere le tue reti e seguimi, ti farò pescatore di uomini.*

Sono rimasto senza parole e sono rimasto in silenzio...

* * *

All'imbrunire, pieni di gioia, Filippo ed io siamo tornati a casa. Camminavamo felici cantando lodi e dal nulla sorridevamo. Giunti al villaggio ci salutammo con un abbraccio e ci accordammo per incontrarci il giorno dopo per andare alla ricerca del

Maestro. Entrai in casa gridando di gioia e mi gettai con effusione su mia madre, abbracciandola e sollevandola da terra. Lei però mi chiese freddamente di metterla giù e continuò a preparare la cena. Senza rispondere al saluto, con tono secco e freddo mi disse: "Tuo padre ti aspetta". Quando l'ho sentito sono impallidito...

Mio padre era seduto davanti alla finestra. In mano teneva un bicchiere di ceramica; pensoso, il suo sguardo attraversò la finestra verso l'infinito. Imperterrito mi avvicinai a lui senza dire una parola, lo baciai sulla fronte e mi sedetti accanto a lui. Mio padre ruppe il silenzio e mi ricordò:

—Figlio mio, domattina presto andremo a pescare e tu non hai finito di riparare le reti.

―Padre, sono colpevole, perché non ho finito il lavoro, permettetemi di andare a finirlo, all'alba sarà pronto.

―Ho finito di cucire la rete, ma dimmi, dove hai passato tutto il pomeriggio? – chiese con espressione scontrosa mentre assaporava un bicchiere di vino fresco e mangiava fichi maturi che prendeva da un vassoio d'argento posto accanto a lui.

Un silenzio denso riempiva la stanza.

―Vuoi un fico o due? Non vale la pena offrirti un bicchiere di questo vino greco resinoso ―esclamò di umore cupo.

Incerto su come rispondere, si strofinò le mani. La pesca rappresentava il sostentamento della famiglia e mio padre sembrava già stanco per il passare degli anni, io ero tutta la sua speranza, ho dovuto raccogliere il testimone che mio nonno ha trasmesso a mio padre. Mi sentivo come se mi mancasse il fiato e non potevo smettere di chiedermi chi avrei dovuto seguire, mio padre o il Figlio dell'Altissimo. Sapevo che seguire Gesù di Nazareth significava allontanarmi dalla mia famiglia... Mio padre è un uomo responsabile e di buon carattere, il mio migliore amico e di cui sarò sempre orgoglioso. Sono il suo unico figlio e vuole che segua le sue orme e diventi un pescatore. Capisco tutti i sacrifici che ha sopportato per la famiglia e mi si scalda il cuore sapendo che molte volte ha nascosto le sue lacrime perché potesse sorridere. Tuttavia, si è anche assicurato che lo *Shema Israel* fosse impresso nella mia mente e nel mio cuore. Il che mi ha fatto dubitare: chi dovrei servire per primo, il Dio eterno o mio padre? Se Gesù potesse abbandonare tutto per seguire l'Onnipotente, anch'io dovrei seguire il suo esempio, aprire le ali e volare.

Dopo qualche minuto che mi sembrò eterno, mi disse:

—Dai..., dimmi domani, vai a dormire, ti sveglio all'alba!

Non potei più trattenere l'emozione e, portandomi la mano alle labbra, sussurrai:

—Padre..., ho qualcosa di cui parlare —Si voltò a guardarmi come se volesse indovinare i miei pensieri e mi indicò:

-Dimmi, ti sento.

—La profezia si è avverata! Il Messia, il Dio di Abramo, Isacco e Giacobbe è tra noi!

—Sei impazzito? Di cosa ti stai occupando? Donna, vieni presto e ascolta ciò che dice tuo figlio!

—Filippo mi ha invitato a incontrare Gesù di Nazaret; all'inizio rifiutai, ma la curiosità ebbe la meglio. Ci accompagnavano anche Andrea e Pietro, figli di Giona. Gesù entrò nella sinagoga e, preso uno dei sacri rotoli, fece sue le parole profetizzate da Isaia:

"Lo Spirito del Signore Dio è su di me, perché il Signore mi ha unto per portare il lieto annuncio agli afflitti; Mi ha mandato a fasciare quelli che hanno il cuore rotto, a proclamare la libertà ai prigionieri e la liberazione ai prigionieri; per proclamare l'anno favorevole del Signore e il giorno di vendetta del nostro Dio; per consolare tutti quelli che piangono".

Guardò il vino nel bicchiere e imprecò dentro di sé.

—Non c'è modo! Come si può credere che Gesù, il figlio di Giuseppe, il falegname di Nazareth, sia il Messia! Che sciocchezza! Se fosse almeno un fabbro, cosa farebbe Gesù? Spade di legno? —mi chiese mio padre sarcasticamente.

—Follia o no, Gesù mi ha chiesto di seguirlo. Padre, l'ho visto nei suoi occhi, Lui è il Messia tanto atteso! Non ha bisogno della spada, la nostra tradizione insegna che la Parola di Dio è viva, efficace e più tagliente di qualsiasi spada a doppio taglio: penetra fino a scindere l'anima e lo spirito, le giunture e le midolla, e discerne i pensieri e le intenzioni del cuore.

Sentivo lo sguardo pesante di mio padre che brillava di sospetto.

—Ah…, quel che vuole quel rinnegato è rubarmi mio figlio! —Talemai gridò eccitato—. Mio Dio, perdonami, credo di aver peccato contro il Cielo e contro di te, aiutami a capire la mia colpa, mio figlio rinnega la tradizione dei nostri antenati e ora vuole seguire quell'impostore di Nazaret! Non accendere la tua ira contro di lui, farò sacrifici nel tempio, porterò sette agnelli, Signore degli eserciti, abbi pietà di mio figlio e non tener conto della sua ribellione–. Prese un altro fico e si leccò le dita.

Vedendo mio padre così esaltato... *onorerai tuo padre e tua madre...*, ho cercato di tranquillizzarlo e l'ho assicurato:

—Padre mio, come potrei vedere la luce del volto di Dio senza la tua approvazione? Proprio come i nostri patriarchi hanno benedetto i loro figli affinché ereditassero l'eredità spirituale che avevano costruito, ho bisogno della tua benedizione per uscire di casa e seguire Gesù...

Ricordi il matrimonio di Azalia, la figlia di tuo fratello Joshua? La famiglia di Gesù è stata invitata e partirà domani per Cana di Galilea. Mi hanno chiesto di andare con loro, tieni presente che è il matrimonio della figlia di tuo fratello e permettimi di accompagnarli.

Mentre discutevamo, mia madre pregava e ascoltava attentamente. Quando l'umore si alzò, facendo segno con la mano per chiedere silenzio, si rivolse a mio padre con uno sguardo implorante negli occhi:

—Talemai, lascialo andare, se Gesù di Nazareth è veramente il figlio di Dio, non vuoi averlo contro di te.

Ascoltando mia madre difendermi, una piccola, inquieta, dolorosa speranza è sgorgata in me. Mio padre intanto restava calmo e dignitoso, giocando distrattamente con una piega del mantello. Poi alzò le braccia in un gesto di resa involontaria e poggiò mestamente la fronte sul palmo della mano e mi disse: "Ricordo come se fosse ieri quando eri bambino e io mi prendevo cura di te e ti mostravo il mondo, ora partirai da solo e vivrai tante nuove esperienze, Spero che tu metta in pratica tutto ciò che hai imparato a casa e non dimentichi mai le tradizioni dei nostri antenati". Esitò un attimo e, annuendo con la testa, mi fece un segno. Si schiarì la gola e mi guardò intensamente, si strofinò gli occhi e ricambiò lo sguardo.

—Vieni, figlio mio, ti darò la mia benedizione.

Mi sono prostrato davanti a lui e lui ha alzato la mano destra e ha detto sottovoce, ma con autorità: "Il Signore ti benedica e ti custodisca; il Signore faccia risplendere su di te il suo volto e abbia pietà di te; il Signore alzi su di te il suo volto e ti dia la pace".

Dopo aver finito di pregare, mia madre guardò amorevolmente mio padre alzare la sua lunga testa come se stesse pregando. Poi annuì benedicendo con uno sguardo tenero e baciò dolcemente la ronte di mio padre con gratitudine. Non potevo fare a meno di pensare che il mio Dio aveva onorato la mia obbedienza... Grazie, padre. Il giorno dopo ci recammo a Cana di Galilea insieme a Gesù, sua madre, i suoi fratelli e i suoi discepoli, poiché erano stati invitati alle nozze di Azalia, mia cugina. Cantando inni e ascoltando gli insegnamenti del Maestro, abbiamo camminato per alcune ore fino a raggiungere una valle verdissima, da dove potevamo vedere il villaggio di Cana. Il terreno era stretto e roccioso e si era già fatto tardi così abbiamo accelerato il passo e a malapena siamo riusciti ad arrivare illuminati dagli ultimi raggi di sole. Abbiamo alloggiato in una locanda costruita all'estremità settentrionale del villaggio, ai piedi di una collina da cui si poteva vedere l'intera valle di Beit Hakerem. La locanda era molto alta ed era costruita con muri costituiti da grandi pietre vulcaniche unite tra loro con argilla bruno-rossastra. C'erano pietre scolpite che venivano usate per architravi, pilastri di porte e finestre. I tetti avevano travi di cedro su cui erano fissate traverse costituite da rami di alberi rinforzati da strati di terra, canne e paglia. Entrando si sentiva un profumo intenso di legno, spezie e ambra che rivaleggiava con l'odore delle foglie verdi dei pini che ricoprivano le montagne.

Il giorno dopo andammo a trovare Raam, il fratello di mio padre. Ci hanno accolto con gioia, però mi sono sentito come uno straniero tra sconosciuti. Mio zio era un uomo robusto, dalla pelle scura, con un grande naso adunco, occhi scuri e luminosi e palpebre cadenti. "Sei il figlio di mio fratello, vieni tra le mie braccia", mi sono avvicinato timidamente a lui e lui mi ha accolto con un abbraccio così forte che quasi non potevo respirare e, Quando finalmente riuscii a prendere fiato, un forte odore di olio rancido e aglio mi fece grattare il naso.

Abbiamo trascorso il pomeriggio con loro e al calare della notte, secondo la tradizione, Raziel —il fidanzato—, accompagnato dalla sua famiglia, è andato a prendere la fidanzata. Alla maniera ebraica si vestiva da re, portava sul capo una ghirlanda di fiori bianchi. Il suo abito era di lino pregiato, la cintura di seta era dai colori vivaci e i suoi sandali erano decorati con nastri colorati.

Azalia lo stava già aspettando in compagnia dei suoi genitori. Mia cugina era bellissima, aveva i capelli lunghi, folti e ricci, i suoi occhi erano grandi e scuri, la sua carnagione era verde oliva e aveva un'espressione affabile. Il suo vestito era di seta orientale viola e ricadeva attorno alla sua figura in pieghe modeste e le maniche le coprivano metà delle braccia.

I suoi capelli erano ornati di perle e zaffiri e due trecce scendevano dai lati del viso come ciocche. Dal suo collo pendevano i gioielli di famiglia ereditati da generazioni. Sul suo capo spiccava un diadema di bellissimi fiori, portava orecchini alle braccia, anelli d'oro alle dita e pendenti alle orecchie.

Prima di uscire per incontrare il fidanzato, mio zio pregò e la benedisse, mia zia l'abbracciò e la baciò. Azalia era pronta a lasciare la sua casa e seguire il suo futuro marito. Con l'aiuto di sua madre, mia cugina si coprì il volto con un velo e, tenendo il braccio di Raziel, lasciò la casa dei suoi genitori. I suoi parenti si sono uniti al pellegrinaggio.

Tra la folla, Filippo e Andrea, lungo il sentiero che portava alla casa dei genitori di Raziel, hanno distribuito spighe di grano tostate.

Tra canti e balli abbiamo accompagnato i fidanzati mentre altri suonavano tamburi e strumenti musicali e altri ancora illuminavano il sentiero con lampade ad olio d'oliva. Giunta a casa del fidanzato, Azalia entrò per la prima volta nella sua nuova casa. Alcune donne, le più anziane, le pettinavano i capelli. Il suo volto non sarebbe stato rivelato in pubblico se non dopo aver ascoltato le benedizioni che li avrebbero uniti in matrimonio.

Il giorno successivo, secondo la Mishna che specifica che il matrimonio di una vergine doveva essere celebrato il quarto giorno della settimana, cioè, mercoledì è iniziata la celebrazione. Fin dalle prime ore del mattino e secondo l'usanza ebraica, cibo, musica e vino abbondavano. Intanto la festa continuava al ritmo del salterio, del flauto, dell'arpa e del tamburello. Tra allegri balli, gli ospiti hanno gustato frutta secca, pane e vino.

Mi sono seduto pensieroso su una panchina decorata con foglie di palma e mazzi di datteri. Maria, la madre di Gesù, avvicinandosi a me mi ha chiesto:

—Qual è il problema? Perchè sei così triste? È una bellissima festa, forza, unisciti alle danze.

—Oh mia signora! Soffro perché finisce il vino e la famiglia sarà molto in imbarazzo.

—Perché ti preoccupi così tanto? Non sei il padrone di casa.

—È vero, ma non so cosa mi sta succedendo, da quando ho conosciuto tuo figlio sono rimasto molto colpito dalla sofferenza degli altri.

Maria mi prese la mano, rimase in silenzio e sorrise. Immagino che abbia pensato: "Questo giovane è già stato catturato dagli insegnamenti di mio figlio". Poi si alzò e, condividendo la mia preoccupazione per i fidanzati, cercò Gesù tra i presenti che saltavano di gioia. L'ho seguita con grande curiosità. Quando finalmente trovò il Maestro, conoscendone la bontà e l'onnipotenza, gli raccontò la situazione per evitare confusione e imbarazzo agli ospiti. Ha risposto:

—*Che cosa hai con me, donna? La mia ora non è ancora arrivata.*

Sua madre rimase in silenzio e, rivolgendosi a coloro che servivano il vino, disse loro di fare qualunque cosa avesse loro chiesto. Secondo i comandamenti, Gesù onorò sua madre e si alzò alla ricerca di un contenitore e presto trovò sei vasi di pietra appoggiati a un vecchio muro di mattoni. Secondo il rito di purificazione ebraico, ciascuno di essi conteneva da due a tre brocche d'acqua. Poi disse ai servi: "Riempite questi barattoli con acqua". I servi attinsero l'acqua fresca dal pozzo e riempirono le giare fino all'orlo. Allora Gesù pregò in silenzio e, quando ebbe finito, ordinò loro: "Riempite una brocca e datela all'amministratore perché la gusti". *"Riempite una caraffa e fatella assaggiare al cameriere".* Non ho potuto trattenere la curiosità e, preso un bicchiere, l'ho immerso in uno dei barattoli e ho assaggiato un po' di vino. "Meraviglioso, è fantastico!" ho commentato a Maria. È stato davvero meraviglioso e in quel momento, mentre stavo assaggiando il vino, ho dimenticato la cosa più importante: Gesù aveva compiuto il suo primo miracolo!

Quando il padrone della stanza asaggiò l'acqua trasformata in vino, senza sapere da dove provenisse, rimase sorpreso e chiamò Raziel e mio zio e si congratulò con loro: "Tutti servono prima il vino migliore e quando gli invitati hanno bevuto molto, servono quello inferiore; è incredibile che voi abbiate riservato il vino migliore per la fine della festa".

Abbiamo goduto della celebrazione fino all'alba e, nonostante la stanchezza, il Rabbino ci ha chiesto di continuare il viaggio, percorrendo tutta la bellissima regione della Galilea. A quel punto eravamo già dodici discepoli impegnati in Cristo. Simone, che il maestro Gesù chiamò Pietro, e Andrea suo fratello, figli di Giona, furono i primi convocati; Giacomo, conosciuto anche con il nome di Giacomo e suo fratello Giovanni, entrambi figli di Zebedeo. Gesù li chiamò anche Boanerges, che significa "figli del tuono".

Inoltre, furono chiamati a seguire Gesù: Filippo di Betsaida, Tommaso, detto anche Didimo o Gemello; Matteo, il pubblicano, soprannominato Levi. Giacomo, figlio di Alfeo. Giuda Taddeo, figlio di Cleopa, che, secondo la leggenda, è il fratello di Giuseppe, marito di Maria, la madre di Gesù. Similmente erano chiamati Simone il Cananeo, detto lo Zelota, e Giuda Iscariota, figlio di Simone. Eravamo tutti galilei tranne Giuda Iscariota, che era della Giudea.

Accompagnando il Maestro abbiamo visitato i piccoli villaggi e le città della regione della Galilea. Era una terra benedetta da abbondanti sorgenti e terreno fertile. I contadini che si recavano nei mercati cittadini per vendere i loro prodotti ci regalavano frutta e verdura, spighe di grano, fichi e melograni e pere buonissime.

La nostra vita era semplice, ci rinfrescavano l'acqua dei ruscelli e all'ombra degli abeti e dei noci ricevevamo le parole di Gesù di Nazaret. Al tramonto, Pietro di solito gettava la rete nelle acque dolci e cristalline del fiume Giordano che sfociava nel Mar di Galilea. Tutti noi, prestando le spalle, esultavamo nel raccogliere la rete carica di pesci che saltavano selvaggiamente; era la nostra cena...

Mentre Giacomo e Giuda Taddeo attizzavano il fuoco, Matteo raccoglieva legna dagli abeti. Tommaso si occupò dei pesci che erano stati infilzati su bastoncini e, conditi con sale e rosmarino, li facevano rosolare a fuoco lento sulla brace. Il profumo della legna si mescola a quello delle trote, avvolgendo il bivacco con un sapore casalingo.

Seduti attorno al fuoco, abbiamo mangiato frutta e discusso gli insegnamenti del Maestro. Ah... come non ricordare in quel momento l'ottimo vino delle nozze di Cana! Dopo cena abbiamo cantato inni finché non ci siamo addormentati.

Mentre Gesù percorreva la Galilea, insegnava e compiva opere potenti nelle sinagoghe annunciando il Vangelo del Regno:

— Pentitevi, perché il regno dei cieli è vicino.

Mentre attraversava le città di Betsaida, Cana, Cafarnao, Chorozain, Nain e Nazareth, la gente si radunò per ascoltarlo. Guarì ogni malattia e infermità tra una grande moltitudine di persone affette da varie malattie e dolori, possedute da demoni, epilettiche e paralizzate. Un pomeriggio, nei pressi di Cafarnao, il Maestro salì sul monte e cominciò a pregare. Ci siamo avvicinati a Lui e vedendoci ha cominciato ad insegnarci il regno di Dio:

—*Beati coloro che riconoscono la loro povertà spirituale separandosi da Dio, perché lasciano che Lui entri nella loro vita e la riempia del suo amore divino; di loro è il regno dei cieli. Beati coloro che si pentono e piangono per i propri peccati, perché solo confessando i nostri peccati possiamo trovare il perdono e la salvezza che ci dà consolazione.*

Beati gli umili, perché gli umili erediteranno la terra e godranno di un grande benessere. Beati coloro che hanno fame e sete di giustizia e si sottomettono all'imparzialità di Dio, perché troveranno pace, contentezza e saranno soddisfatti.

Beati i misericordiosi che perdonano ai nemici, perché otterranno misericordia. Beati i puri di cuore che vivono in pace con tutti e nella santità, senza la quale nessuno vedrà il Signore.

Beati gli operatori di pace che condividono l'amore di Dio con i loro nemici, perché saranno chiamati figli di Dio. Beati coloro che sono perseguitati a causa della giustizia, beati saranno quando saranno oltraggiati e perseguitati a causa mia. Perché tuo sarà il regno dei cieli.

Mentre il Rabbino insegnava, la folla stupita e incredula lo ascoltava e attendeva segni. Allo stesso tempo, Andrea e Tommaso si prendevano cura dei malati, fasciavano le loro ferite e offrivano loro dell'acqua. Matteo e Pietro fecero sedere le persone e chiesero loro di sedersi. Simone, il cananeo che era stato guerrigliero, era incaricato di prendersi cura del Maestro, poiché tutta la folla cercava di toccarlo, poiché quando lo toccavano, usciva da Lui una forza che guariva tutti. Allora Pietro, che era il più irrequieto del gruppo, gli chiese:

—Maestro, insegnaci a pregare.

Gesù si avvicinò a Pietro e, come un padre affettuoso, gli accarezzò una guancia e, guardandoci, disse:

—*Pregate così: Padre nostro che sei nei cieli, sia santificato il tuo nome. Venga il tuo regno. Sia fatta la tua volontà come in cielo così in terra. Dacci oggi il nostro pane quotidiano. E rimetti a noi i nostri debiti, come anche noi li abbiamo rimessi ai nostri debitori. E non ci indurre in tentazione, ma liberaci dal male. Amen.*

Sentendo le parole del Maestro ho rabbrividito. Quanti rancori avevo nel cuore! Ho sempre pensato che chiedere perdono fosse sufficiente per essere a posto con Dio. Ora dovevo perdonare per essere perdonato. Sicuramente non ero il solo a essere scosso dalle parole di Gesù, perché Simone, che era appartenuto agli Zeloti, chiese al Maestro:

—Rabbino, dobbiamo perdonare gli invasori che opprimono il popolo di Dio?

-L'hai detto tu.

Allora il Maestro scese dal monte e una grande folla lo seguì. Ed ecco, un lebbroso si avvicinò e si prostrò davanti a Lui. Allora Pietro e Giovanni, che assistevano gli ammalati, presero Gesù per le braccia e cercarono di portarlo via dal lebbroso, perché il suo aspetto era disgustoso e puzzava di morte. Tuttavia il lebbroso insisteva...

—*Rabbi, se vuoi puoi guarirmi e porre fine alle mie sofferenze.*

Tutti ci meravigliammo quando il Maestro stese la mano e lo toccò:

-Voglio. Sii pulito.

All'istante quell'uomo fu mondato dalla lebbra, esultò di gioia e diede gloria a Dio. Ciò nonostante il Maestro gli avesse chiesto di non dirlo a nessuno e di andare a presentare l'offerta che Mosè aveva ordinato al tempio, affinché potesse servire di testimonianza ai sacerdoti farisei.

Il giorno successivo ci siamo diretti verso la riva del Mar di Galilea. In quel luogo si trovava il villaggio di Cafarnao, una piccola cittadina molto adatta alla pesca. Vi abitavano Pietro, Andrea, Giacomo e Giovanni. Era un posto molto tranquillo, un villaggio di pescatori con non più di mille abitanti. La maggior parte delle case erano di umile costruzione con tetti di canne e ognuna di esse aveva un patio dove crescevano ulivi, viti e qualche palma. Le case si affacciavano su vicoli acciottolati e conducevano a piccole piazze. Queste spianate venivano utilizzate come mercati da commercianti e agricoltori locali. Lì le donne compravano carne fresca, frutta, verdura e alcuni vestiti. Nel pomeriggio era il luogo dove i pescatori si riunivano per riparare le reti. Ai margini del villaggio c'erano recinti per capre e pecore. I pastori tornavano con i loro greggi prima del tramonto e la brezza del Mar di Galilea profumava dell'odore delle pecore.

Quando visitavamo Cafarnao, il Maestro soggiornava spesso a casa di Pietro. Quando siamo arrivati alla casa ci hanno informato che Adira, la suocera di Simone Pietro, era costretta a letto perché aveva la febbre. Mentre Pietro abbracciava e consolava la moglie, il Maestro si avvicinò ad Adira e le toccò con la mano la fronte e subito la febbre la lasciò. La notizia si sparse per tutto il villaggio e, venuta la notte, molti indemoniati si presentarono al

Maestro ed Egli scacciò i demoni con la parola e guarì tutti i malati. Ciò è avvenuto perché si compisse ciò che aveva annunciato il profeta Isaia, quando aveva detto: "Egli ha preso le nostre debolezze e si è caricato delle nostre infermità".

Il giorno dopo, mentre ascoltavamo il Maestro, all'ombra di un grande ulivo che era piantato nel cortile della casa di Pietro, Tommaso si ricordò che un dottore della legge si era avvicinato a Gesù e gli aveva detto: "Maestro, desidero seguirti ovunque tu vada". E il Rabbino gli aveva risposto:

—*Le volpi hanno le caverne e gli uccelli i nidi, ma il Figlio dell'uomo non ha dove posare il capo.*

Sapendo che al Maestro piaceva frequentare Cafarnao, Tommaso propose:

—Costruiamo un rifugio qui.

La proprietà era molto ampia e attraversata da un fossato dall'acqua cristallina, era un luogo ideale per lo studio e la preghiera. Dopo un po' Pietro sorrise: "Ho il terreno, cosa mi impedisce di costruire un capannone?", e indicando con la mano una vecchia vite, commentò:

—Facciamolo lì!

Eravamo tutti contenti e abbiamo deciso di dividerci in due gruppi, uno di loro avrebbe accompagnato il Maestro nel suo pellegrinaggio e gli altri avrebbero lavorato alla costruzione.

Filippo e Andrea scavarono le fondamenta. Inchiodavamo tronchi di abete in colonne e riempivamo i buchi con grosse pietre. Successivamente abbiamo innalzato i muri con mattoni crudi realizzati con fango e paglia essiccati al sole. Per finire, abbiamo ricoperto la superficie delle pareti con uno strato di fango misto ad argilla e Giacomo e Giovanni l'hanno dipinta con una miscela di calce e sale.

Sul tetto sistemammo delle travi di legno di sicomoro che andavano da parete a parete e sopra di esse un fitto letto di canne che proteggeva i tronchi. Poi coprivamo il tutto con fango misto a spicchi di grano secco e letame e lo compattavamo per ottenere un maggiore isolamento. Alle estremità costruiamo un parapetto, per questo seguiamo le indicazioni che le Scritture danno al riguardo: "Quando costruirai una nuova casa, farai un parapetto per il tuo tetto, affinché non ricada addosso la colpa del sangue la tua casa, se qualcuno cade da essa".

Con dei gradini in legno fissati alla parete interna, abbiamo costruito una scala, in modo da poter utilizzare il tetto come camera da letto all'aperto durante l'estate. Mi è piaciuto però salire durante la notte e alzare le mani al cielo: ho pregato avendo come testimoni le stelle...

Le camere si affacciavano su un ampio patio centrale. Lì, la vecchia vite si ergeva fiera, accompagnata da un ulivo secolare che metteva in mostra il suo tronco maestoso, invitando a sedersi all'ombra della sua ampia chioma. Davanti all'olivo, in mezzo ad un solco, un frantoio era muto testimone del mulo che, nel suo incessante camminare in tondo, muoveva due grosse pietre.

In cucina abbiamo costruito un semplice forno in argilla e una pietra per macinare il grano e formare la farina per il pane. Come mobili, un tavolo, panche e una lampada che consisteva in un vaso di terracotta per contenere l'olio d'oliva e uno stretto beccuccio per trattenere lo stoppino a treccia di lino.

Dopo alcuni giorni di viaggio attraverso la regione della Galilea, Gesù ritornò a Cafarnao. Lo abbiamo accolto con grande gioia e gli abbiamo mostrato la casa. La suocera di Pietro aiutò Giacomo a preparare il cibo; celebriamo così il ritorno del Maestro e la nuova casa. Il tavolo sembrava spettacolare; era ornata di fiori di gelsomino che profumavano la stanza e al centro, accogliente, lo splendore di una lampada ad olio circondata da frutta secca. Ci siamo seduti a tavola, c'erano pesce, verdure e miele, abbiamo ringraziato per il cibo e abbiamo ascoltato con piacere ciò che è accaduto nel viaggio missionario di Gesù.

Non avevamo ancora finito di mangiare quando sentimmo qualcuno bussare con insistenza alla porta. La notizia del ritorno del Maestro fece radunare molte persone, chiedendo di ascoltare Gesù e di essere guarite dalle loro malattie. Erano così tanti che, quando abbiamo aperto la porta, hanno subito riempito la stanza davanti che avevamo lasciato vuota per adibirla a spazio didattico. Giacomo li invitò ad andare nel giardino interno e anche tanti rimasero fuori, poiché in casa non c'era posto per nessun'altra anima.

Mentre Gesù guariva i malati, alcune persone portarono un uomo paralitico, disteso su una barella. E poiché non potevano avvicinarsi a lui a causa della folla e sapendo che Gesù era la loro unica speranza, non esitarono a salire sul tetto e calarono lo storpio nel giardino interno. Quando però si accorsero che anche il patio era pieno, si scoraggiarono, ma uno di loro osservò che il tetto era molle, poiché era stato appena svuotato e il fango non si era ancora solidificato.

Non tardarono a togliere il fango e tolsero anche le canne, facendo un'apertura e, con sorpresa di tutti, abbassarono il letto su cui era stato trovato il paralitico e lo posero al centro, davanti a Gesù. Quando il Maestro vide la fatica e la fede degli amici dello storpio, provandone compassione, disse al paralitico:

—Figliolo, i tuoi peccati ti sono perdonati.

C'erano diversi farisei e dottori della legge interessati a ricercare gli insegnamenti di Gesù. Erano venuti da tutti i villaggi della Galilea, della Giudea e di Gerusalemme, sicuramente inviati dal Sinedrio. Alcuni di loro criticarono l'insegnamento del Maestro e, parlando tra loro, mormorarono:

—Perché questo parla così? Come osi? Ciò che dice è un'offesa a Dio! Solo Dio può perdonare i peccati! E solo il sacerdote può dichiarare quando qualcuno può essere perdonato e purificato.

Inoltre, si sentivano offesi perché Gesù mangiava con i peccatori e non rispettava lo *Shabbat*, poiché permetteva ai suoi discepoli di preparare il cibo nel giorno santo e guariva i malati nel giorno di riposo.

Gesù, conoscendo il cuore della gente, andò dai farisei e dagli scribi e li rimproverò per la loro incredulità dicendo:

—*Voi siete studiosi della Legge e dimenticate il principio del Pikuach nefesh che insegna che, quando la vita di una persona è in pericolo, praticamente ogni altra regola religiosa viene annullata, compreso lo Shabbat. Perché meditate così nei vostri cuori? Cosa è più facile dire a questo paralitico "ti sono perdonati i peccati" o dire "alzati, prendi il tuo lettuccio e cammina"?*

Il Maestro, per dimostrare che Egli era il Figlio di Dio e che aveva il potere sulla terra di perdonare i peccati, additando lo storpio, gli ordinò:

—*Alzati, prendi il tuo letto e vattene a casa.*

Poi il paralitico si è alzato e, presa la barella, è scappato. Eravamo tutti stupiti e glorificavamo Dio. Alcuni tra la folla hanno detto: "Non abbiamo mai visto niente di simile".

Sono rimasto sorpreso nel vedere che l'affermazione di Gesù era contraria al pensiero della folla, poiché credevano che i difetti fisici fossero una punizione per i peccati commessi. Gli scribi e i farisei insegnavano che una persona impura diventava incapace di avvicinarsi al tempio. Pertanto, i paralizzati e molte altre persone disabili si sono sentite rifiutate ed escluse da Dio. Ma Gesù non la pensava così! E dichiarando "i tuoi peccati ti sono perdonati!", ha reso manifesta la misericordia di Dio. Tuttavia, nessuno poteva dimostrare se il peccato fosse stato effettivamente perdonato o meno. Ma ordinandogli di "alzarsi e camminare!", tutti potevano vedere che aveva il potere di guarire. Così, attraverso un miracolo, dimostrò che la paralisi dell'uomo non era un castigo di Dio e che Egli aveva il potere di perdonare i peccati in nome di Dio.

Compiendo questo miracolo mi è stato chiaro che il Maestro ha aperto una nuova strada per raggiungere Dio. Ho capito che ciò che il sistema chiamava impurità non era più un ostacolo per le persone a cercare la misericordia dell'Onnipotente.

Paziente, come un padre amorevole insegna alla sua prole, il Maestro ci ha presentato un Dio d'amore che mantiene le sue promesse, che non minaccia né condanna; un Dio che rimprovera il peccato e premia l'obbedienza.

*   *   *

Un sabato pomeriggio, dopo aver pregato sul Monte degli Ulivi, il Rabbino ci chiese di accompagnarlo al tempio. Il sentiero acciottolato che conduceva al tabernacolo era riparato da frondosi ulivi su entrambi i lati del passaggio. In uno di questi andirivieni, Simone, con le mani piene di frutti, il succo dell'uva che gli scorreva attraverso la barba come olio di unzione e uno sguardo di stupore, disse al Maestro:

— Rabbunì, sul ciglio della strada, poco più in là, c'è un uomo che chiede l'elemosina... È molto giovane e cieco!

Dopo un po' di cammino ci imbattemmo nel cieco seduto su un vecchio tronco di cipresso. Tese supplichevole la mano chiedendo l'elemosina ai pellegrini che, indifferenti, affrettavano il passo camminando al suo fianco. Il suo volto era triste e

Giovanni, che era il più giovane di noi, vedendolo divenne molto triste e con la voce rotta esclamò:

—¡*Oy vey*[3]! Immagina di non poter vedere, che vita miserabile, non potrei vivere nell'oscurità! Maestro, chi ha peccato, questo pover'uomo o i suoi genitori, affinché nascesse cieco? Siamo rimasti tutti in silenzio, in attesa della risposta, perché condividevamo lo stesso sentimento, perché nei nostri cuori pesava ancora l'antica convinzione che ogni malattia fosse conseguenza del peccato.

Gesù, dopo aver guardato teneramente l'uomo, rispose:

—*Non affliggetevi, siete della luce e del giorno, questo è proprio un uomo che ha bisogno del nostro aiuto. Lui non ha peccato e nemmeno i suoi genitori, ma è cieco affinché la misericordia del Padre mio si manifesti in lui e si faccia*

---

[3] Espressione ebraica di costernazione.

conoscere su tutta la terra. Non apparteniamo alla notte o all'oscurità; Ecco perché non dovremmo dormire come gli altri, ma restare svegli.

Ancora una volta non abbiamo capito la lezione e siamo rimasti tutti in silenzio, perché nessuno osava più chiedere...

Quando il Maestro vide che non avevamo capito, continuò pazientemente a dire:

—Mentre sono in questo mondo, io sono la luce del mondo e voi siete della luce e del giorno. Mentre sono con voi, facciamo l'opera che Dio mio Padre mi ha detto di fare; verrà il tempo in cui nessuno potrà più lavorare, perché sta arrivando la notte in cui nessuno potrà lavorare.

Dopo aver finito di parlare, il Rabbino si è allontanato da noi di qualche passo e, alzando le braccia al cielo, ha cominciato a pregare. Mentre lo facevo, ho chiesto a Giovanni che stava accanto a me: "Hai capito cosa ha detto il Maestro?"

Giovanni stava gioendo nel pulire alcune spighe di grano e non mi ha risposto, allora in segno di rimprovero gli ho dato una piccola spinta con la spalla e lui mi ha risposto un po' emozionato:

—Io credo che il giorno siano gli anni della permanenza del Maestro tra noi; e quando parla della notte, si riferisce alla sua morte. Mi hai capito? Se non è così, chiedi a Giuda, poi dimmi cosa ti ha detto.

Ascoltandolo, Tommaso, che dubitava sempre, correggeva Giovanni dicendo:

—Che ne sai tu? Mangi tutto il giorno e non fai caso al Maestro. Vi spiegherò quello che il Rabbino ci ha voluto insegnare: il giorno è vivere con Lui obbedendo al suo insegnamento e la notte è vivere nel peccato che ci porta nelle tenebre.

Appena mi incoraggiava a dare la mia opinione, quando Pietro terì segnalando:

—Silenzio! Stolti, non vedete che interrompete la preghiera del Maestro...?

Quando ebbe finito di pregare, Gesù tornò dove stavamo aspettando, sorrise e si chinò a raccogliere un pugno di terra e, mentre lo puliva, togliendogli i sassolini, ci disse, chiarendo i nostri dubbi:

—*Il cieco passerà dalla notte al giorno; nel giorno si può lavorare, la notte è sotto il potere delle tenebre.*

Dopo aver detto questo, il Rabbino sputò nella terra che aveva sulle mani, fece con la saliva un po' di fango rossiccio —come il sangue da cui emana la vita— e chinandosi verso il cieco, lo spalmò sugli occhi.

Il cieco stupito non seppe chi gli aveva macchiato il viso, ma sentì che i suoi compagni dicevano tra loro che gli aveva spalmato del fango. Gesù non gli chiese la fede né gli disse che sarebbe stato guarito, semplicemente gli indicò:

—*Vai a lavarti allo stagno di Siloe.*

L'uomo cieco, indignato per quello che supponeva essere uno scherzo, fu guidato da un compagno di miserie dove gli fu indicato.

Andrea ed io decidemmo di seguirli per vedere cosa sarebbe successo, perché non capivamo perché il Maestro lo avesse mandato a lavarsi nell'acqua delle fonti della salvezza. Aiutato dal suo compagno, il cieco con fatica percorse il Tunnel di Ezechia che conduce allo stagno di Siloe. Lo stagno era pieno di persone che erano venute al rituale di lavaggio e purificazione. All'arrivo, il cieco abbassò delicatamente i gradini di calcare. Quando sentì che l'acqua fresca della fontana di Giòne le arrivò alle ginocchia, si chinò e, secondo l'usanza ebraica, raccolse l'acqua con la mano sinistra, lavò la mano destra e poi fece il contrario.

Una volta lavato, raccolse le mani come ciotola e le immerse nell'acqua. Poi, come un battesimo che lava e illumina liberando le tenebre dello spirito, il cieco ha pulito il suo volto e sciacquato i suoi occhi...

Che grande sorpresa portò via quel miserabile passando dalle tenebre alla luce! Ora poteva vedere le persone che prima ascoltava solo. Alzò lo sguardo e per la prima volta poté vedere la vastità del cielo e la forma delle nuvole. La gioia del suo cuore non gli entrava nel petto, l'emozione gli rubava il respiro, e la gioia inondava la sua anima. Seguiva come un bambino le sfumature della luce, desiderando afferrare l'arcobaleno quando i raggi del sole toccavano le acque dello stagno. Una mente intrappolata, sola e navigando nell'oscurità, ora sorrideva alla prima occhiata del suo volto riflesso nelle acque cristalline dello stagno di Siloe. Il viaggio di un uomo che affrontò la solitudine e le tenebre era finito.

In quell'istante chiaroscuro di sentimenti contrastanti, il giovane capì ciò che aveva udito dalla Scrittura e a lui era stato negato: "La tua parola è una lampada ai miei piedi e una luce sul mio cammino". Il ricordo della voce di Gesù, il suo guaritore, si fermò in tutto il suo essere e tremante chiese al suo compagno:

—Chi mi ha messo il fango negli occhi? Voglio conoscerlo!

I presenti e quelli che lo avevano visto chiedere l'elemosina si domandavano stupiti:

—Non è lui che si sedeva a chiedere l'elemosina sul monte degli Ulivi?

Alcuni di loro dicevano:

—Sì, è proprio lui.

Gli altri dicevano:

—No, non è lui, anche se gli assomiglia, ma è più vecchio.

Ma lui stesso, alzando le braccia, annunciava:

—Sì, io sono quello cieco, ma ora posso vedere i colori e il riflesso della luce! Era incredibile quello che vedevano tutte le persone: la trasformazione di un volto senza sguardo che ora era illuminato dalla vista e dalla gioia. Uno dei presenti che, a mio parere, dal suo modo di vestire, era fariseo, gli chiese con insistenza:

—Dov'è l'uomo che ti ha guarito? —ha insistito il fariseo mentre copriva il suo volto con il talit...

Alzando le spalle, il mendicante rispose:

—Non lo so, forse è alla sinagoga perché oggi è sabato.

Un fariseo già entrato in anni, scoppiando di rabbia, strappandosi i vestiti gridava spaurito:

—Come è possibile! Quell'impostore che si fa chiamare il Messia non rispetta lo *Shabbat*?

Dopo aver discusso tra loro, i farisei decisero di interrogare il cieco guarito, poiché essi pensavano che fare fango di sabato equivaleva a lavorare, era come fare mattoni. Perciò gridavano dicendo che il Maestro, facendo fango con la sua saliva e applicandolo negli occhi di quel miserabile, aveva rotto il riposo obbligatorio del settimo giorno. Hanno richiamato il cieco e gli hanno chiesto:

—Dicono che sei nato cieco, come fai a vedere?

Lui rispose di nuovo:

—Gliel'ho detto, l'uomo che si fa chiamare il Messia mi ha messo fango negli occhi, mi sono lavato e ora vedo.

I farisei mormoravano tra loro:

—Chi ha fatto questo non può essere di Dio, perché non rispetta il sabato.

Ma altri farisei più saggi, sorpresi, si domandavano:

—Come può il nazareno fare questi segni miracolosi, se è peccatore?

Quindi discutevano su cosa fare e alla fine tornavano a chiedere:

—Poiché quell'uomo che si dice il Messia ti ha dato la vista, che ne dici di lui?

Il giovane esitò un po' a rispondere, perché non conosceva Gesù, ma poi, con voce tagliata e grattandosi il capo in segno di stupore, rispose:

—Io dico che è un profeta, perché consola e guarisce i malati come fece con me.

I dirigenti dei farisei non volevano credere che fosse cieco e che ora potesse vedere, e alcuni vicini insistevano che quel giovane non era l'uomo che chiedeva l'elemosina sul monte degli Ulivi, così chiamarono i genitori del giovane per interrogarli.

Pietro ed io eravamo nascosti dietro una colonna, ad ascoltare gli scribi mentre aspettavano che i genitori dell'indagato si presentassero.

All'improvviso, fummo molto sorpresi di sentire la ritmica marcia e il battere sul pavimento delle lance delle guardie, che portavano scudo e spada scortavano i genitori da cui era stato guarito di sabato. Gli afflitti genitori erano stati violentemente portati via dalla loro umile casa e condotti con la forza alla presenza dei frenetici farisei.

Il fariseo più anziano si avvicinò ai genitori spaventati e con voce intimidatoria li mise in dubbio:

—Rispondete ad alta voce affinché tutti possiamo sentire: quest'uomo è vostro figlio? Dite voi che è nato cieco? -ha insistito il fariseo senza lasciare parlare i genitori afflitti-. Suo figlio dice che era cieco dalla nascita, come può ora vedere?

In quel momento, presi per mano, i genitori, timorosi, risposero:

—Sappiamo che quest'uomo che voi accusate senza ragione è nostro figlio e testimoniamo anche che è nato cieco; ringraziamo Dio perché ora può vedere, ma non sappiamo chi gli ha dato la vista. Chiedetelo a lui, è già maggiorenne e lui stesso può dare loro ragione.

Mentre Pietro si avvicinava, mi sussurrò all'orecchio:

—Ricordi che ci avevano già detto che ai seguaci di Cristo viene negato l'ingresso alla sinagoga? Miserabili scribi e farisei! Interpretano bene la Parola di Dio, ma non vivono secondo essa. Chiedono al popolo di osservare la Legge ed essi cercano solo riconoscimento, dimenticando l'amore per il prossimo. Poveri genitori, di sicuro hanno paura di essere espulsi dal tempio.

—Abbassa la voce, se ti sentono ci frustano di sicuro.

—Feh! —disgustato rispose Pietro—. Pian piano hai paura?

—Che c'è, non mi vedi tremare? Sta' zitto che ci scopriranno.

Allora i farisei, non avendo risposta dai genitori, chiamarono di nuovo colui che era stato cieco e gli dissero:

—Rendi gloria al Dio d'Israele dicendo la verità, non nasconderlo! Noi sappiamo che quell'uomo che ti ha guarito è peccatore, perché non rispetta il sabato.

—Se è un peccatore, non lo so, quello che so e non mento è che ero cieco dalla nascita e ora posso vedere lo splendore del cielo.

In quel momento uno dei farisei in tono intimidatorio chiese di nuovo:

Stanco di essere interrogato, poiché rispondeva più e più volte le stesse domande, quel giovane che aveva ricevuto la luce dalle mani di Gesù alla fine infastidito rispose:

—L'ho già detto, ma non mi danno retta, perché vogliono che glielo ripeta? —e sfidando i suoi interrogatori, chiese: Volete seguirlo anche voi?

I farisei, cavalcando in collera alla domanda scherzosa del giovane, lo insultarono:

—Dicci tu: fa male essere pazzo? Tu sarai discepolo di quel miserabile di nome Gesù; noi siamo discepoli di Mosè e sappiamo che Dio gli parlò, ma di questo non sappiamo nemmeno da dove è venuto.

—Non sanno perché non vogliono —l'uomo rispose—. Che cosa strana! Voi non sapete da dove viene, ma la folla dice che viene da Nazaret e a me ha dato la vista. Sappiamo bene che Dio non ascolta i peccatori; solo ascolta quelli che lo adorano e fanno la sua volontà. Se quell'uomo fosse un peccatore e non venisse da Dio, non potrebbe fare nulla per guarire i malati e scacciare i demoni. Perché odiano così tanto Gesù, che conoscono solo per nome? Ma non hanno mai visto il suo volto. Non si è mai sentito parlare di qualcuno che dà la vista a una persona nata cieca.

Detto questo, alzò le braccia e a gran voce esclamò:

—Gloria all'Altissimo che ha ascoltato le mie preghiere e ora posso vedere!

I farisei risposero:

—Tu, che sei nato pieno di peccato, che strisciavi chiedendo l'elemosina, vuoi darci lezioni? Guardie! Fate uscire quest'uomo dalla sinagoga e se ritorna sarà condannato a morte.

Il giovane se ne andò pieno di confusione e dolore. Da un lato, la gioia di vedere il suo cuore deliziato e, dall'altro, l'essere stato espulso dalle tradizioni dei suoi genitori gli divorava l'anima.

Pietro ed io siamo tornati dal Maestro. Incontrandolo, gli parlammo di quello che avevamo assistito e di come quel giovane era stato espulso dalla sinagoga per aver ricevuto la benedizione di sabato. Gesù rimase in silenzio...

Più tardi al mercato incontrammo il giovane e il Rabbino gli chiese guardandolo negli occhi:

—*Tu credi nel Figlio dell'uomo?*

—Signore, dimmi chi sei per farmi credere in lui.

Gesù gli rispose:

—*Quello sono io, lo stesso che parla con te.*

In quel momento, la luce dello Spirito di verità riempì il cuore di quel giovane riconoscente, che oltre ad aver ricevuto il dono della vista, era riscattato dal potere delle tenebre. Il suo volto si illuminò e cadde in ginocchio adorando Gesù:

—Credo, Signore! Ora mi è stato rivelato, sei tu che mi hai spalmato fango negli occhi; sei il Figlio dell'uomo profetizzato da Daniele! Il Figlio dell'Altissimo che sarebbe venuto nel mondo per dare luce agli uomini. Signore, ho aspettato pazientemente che Elohim mi aiutasse, e alla fine mi ha notato e ha sentito il mio grido! Mi ha tirato fuori dalla fossa della disperazione, dall'oscurità. Ah! Ora capisco le parole di mio nonno, il mio povero nonno che mi abbracciava e pregava cercando di consolare la mia solitudine in un mondo di tenebre... "Il Signore è la mia luce e la mia salvezza, il Signore difende la mia vita, chi dovrò temere?".

Gesù gli rispose:

—*Alzati, figlio mio, la tua fede ti ha salvato e ora puoi davvero vedere! Io sono venuto nel mondo per fare giustizia. Darò la vista ai ciechi, essi potranno vedere, io li condurrò per strade e sentieri che non conoscevano e trasformerò l'oscurità in luce davanti a loro. A chi vedrà, toglierò gli occhi e li accecherò.*

Alcuni farisei seguivano discretamente il giovane per le strade di Gerusalemme, sperando che li conducesse da Gesù. Essi, udendo queste parole, compresero che si trovavano di fronte a colui che proclamava il Messia. Cogliendo l'occasione per screditare Gesù, gli chiesero:

—Anche noi siamo ciechi?

E Gesù rispose:

—*Se foste ciechi, non avreste colpa per i vostri peccati. Ma come dite di vedere, siete colpevoli.*

Ascoltando queste parole, il dirigente dei farisei decise di ritirarsi in compagnia dei suoi, non senza prima lanciare un gesto di disprezzo al nazareno.

La sera ci accampammo sulla riva di un ruscello e Tommaso chiese al Maestro:

—Rabbi, noi rinunciamo a tutto per seguirti, abbiamo creduto e riconosciuto la verità: tu sei la luce del mondo! , sappiamo che sei il Messia tanto atteso dal popolo d'Israele. Noi non siamo più ciechi! Ma tu hai detto ai farisei: "Se voi foste ciechi, non avreste colpa dei vostri peccati, ma come dite di vedere, siete colpevoli". Dimmi, Signore, non eravamo meglio noi prima di conoscerti?

Il Maestro disegnò un sorriso, poi con tenerezza accarezzò la guancia di Tommaso e ci indicò:

—*Non temete, obbedite a tutto quello che vi ho insegnato. Io sarò sempre con voi fino alla fine del mondo...*

Avvenne che dopo aver celebrato la Pasqua a Gerusalemme, il Maestro ci chiese di discendere dalla regione della Giudea e di prendere la strada per Cana di Galilea, dove Egli aveva trasformato l'acqua in vino. Quando sentii la notizia, feci un salto di felicità, perché quando ero solo un bambino, i miei genitori mi mandavano a trascorrere la primavera a Cana, la mia città natale.

Ci siamo affrettati a preparare il viaggio, perché era una giornata di cinque giorni e la cosa principale erano le botti d'acqua, dato che era scarsa lungo la strada. Quando il sole sorgeva, eravamo pronti a partire. Fu allora che mi ricordai che non portavo niente ai miei nonni, così corsi al mercato e gridai ai miei compagni dicendo: "Non tardo, io li raggiungo!". Andrea, vedendomi, mi seguì e mi strappò dietro come un agnello seguendo sua madre.

Non ci volle molto per raggiungere una piazza di fronte alla Sinagoga Maggiore di Gerusalemme. I mercanti sistemavano a malapena frutta, pesce e pentole di fango. Mentre la rugiada del mattino si dilettava accarezzando i boccioli dei fiori che timidamente cercavano i primi raggi di sole...

Mentre scrutavo lo sguardo in cerca di qualcosa di speciale, Andrea mi chiese:

—Cosa stai cercando? Dai, dimmelo così posso aiutarti.

—I miei nonni vivono a Cana, desidero portare loro un regalo molto speciale —gli risposi mentre continuavo a cercare.

Camminammo tra i corridoi e i mercanti ci travolgevano. Erano grida ovunque: "Passagli, passagli... Prendilo, a buon mercato!". Il profumo dell'incenso si mescolava con l'odore salato del pesce fresco; e l'aroma acuto delle spezie penetrava il mio naso e mi faceva starnutire.

Finalmente ho trovato quello che cercavo: su un tavolino impolverato si alzava orgogliosamente una candela di cera d'api. Ecco, la voglio! Segnalandola ho detto ad Andrea: "Quella veglia è il regalo perfetto per i miei nonni!".

Mi avvicinai per prenderla e fu quando Andrea mi fece segno di non mostrare interesse e sussurrò:

—Lascia che sia io a negoziare l'acquisto.

Mentre Andrea contrattava il prezzo, io camminavo impaziente, come chi aspetta la nascita del suo primo figlio.

—Mi chiede tre leptoni di rame.

—*Kvetsh!* Ne ho solo due —poi, estraendoli dalla mia borsa e senza vederlo in faccia, li ho consegnati al mio compagno.

Le grida del mercante si sentivano così forti, che echeggiavano nella fontana centrale della piazza. Da quel momento io mi sono fatto come se Abramo mi parlasse... Dopo tante lamentele, il mercante accettò l'offerta e Andrea mi disse sorridente:

—Basta così, andiamo via.

Tra canti e preghiere attraversiamo i luoghi più aridi della strada fino a raggiungere una pianura. Allora avvenne che, fermandoci a prendere l'acqua da una sorgente, il Rabbino fu riconosciuto da alcuni pellegrini che scendevano da Gerusalemme. La voce si sparse e molti popoli di tutta la Galilea, di Magdala e della costa di Tiberiade vennero al Maestro per ascoltarlo e per essere guariti dalle sue malattie; e anche quelli che erano stati tormentati da spiriti malvagi erano guariti. Pietro correva senza meta cercando di mettere ordine, mentre i malati gli venivano presentati al Maestro, poiché tutta la gente si accalcava e cercava di toccarlo.

Quando era già giorno, il Rabbino si allontanò e alzando le braccia pregava il Padre; la gente lo cercava e arrivando dove si trovava, gli chiedevano di non andare. Ma Egli annunciò loro:

—*È necessario che anche in altre città condivida il Vangelo del regno di Dio.*

Tra i lamenti della folla, il Maestro si congedò e proseguimmo il viaggio. A volte la via acciottolata diventava noiosa, fu una sera quando, già stanco di camminare, Matteo mi chiese:

—Natanaele, tu che sei di Cana, dai, dicci, quanto manca?

—Toccando le gonne che costeggiano la valle di Bet Netufa, inizia un enorme manto verde che si trasforma in un paradiso di fiori selvatici in primavera. Sulle pendici ci sono vigneti, frutteti di fichi, olive, melograni e arance. Da lì manca solo una giornata per raggiungere la mia terra.

—Dai, raccontaci della tua infanzia, com'era la casa dei tuoi nonni? —insistette Giacomo.

—La ricordo appena come se fosse un sogno. Il tetto della casa dei nonni mi offriva molte avventure. Era piatta con pretili. Aveva una pendenza sufficiente per drenare l'acqua piovana; questa veniva raccolta in una grande ciotola fatta di legno di acacia. Mia nonna era solita lavarsi i capelli con acqua piovana, diceva che era più pura di quella che si raccoglieva dalla sorgente.

La cucina era piccola e si trovava sul retro della casa. Presto accompagnavo mia nonna a raccogliere legna e acqua dalla sorgente. Mentre lo aiutavo a caricare una brocca di fango che dava un ottimo sapore all'acqua, camminavamo e lei mi raccontava le imprese che Giosuè compì per raccogliere le terre della promessa.

Quando tornai a casa, aiutavo mio nonno a mungere tre pecore nobili e una vecchia capra a cui piaceva incontrarmi. Bevevamo il latte caldo di capra, addolcito con miele d'api e cannella; con il latte delle pecore mia nonna preparava un delizioso formaggio kosher. Poi frantumava i chicchi di grano tra due macine e faceva la pasta; quando era pronta, la impastava facendo i pani rotondi. Mia nonna preparava una gelatina addensando il succo d'uva e questa marmellata mi piaceva spalmarla sul pane appena sfornato.

Al richiamo di mio nonno: "Mangiamo il pane!", tutti passavamo a tavola. Correvo a sedermi su una panchina rustica a tre zampe che ondeggiava come una barca in mezzo alle acque tranquille. Il nonno trattava il pane con molto rispetto e riverenza; lo prendeva con le mani e lo spezzava, rompendolo in due parti. Eravamo fortunati a mangiare pane di grano, perché i più poveri mangiavano pane d'orzo. Il cibo tipico era pane e pesce e, a seconda della stagione, mangiavamo frutta e verdura. A metà settembre mio nonno cominciava a lavorare la terra, e a novembre si seminava il grano perché è quando inizia la stagione delle piogge. In ottobre si raccoglievano le olive e in febbraio e marzo l'orzo; in maggio si raccoglieva il grano e a metà giugno i fichi;

in luglio le uve e i datteri in agosto. Per dessert mangiavamo meloni e fichi insieme a melograni, more e datteri. Mi piaceva bere l'acqua fresca che sgorgava da una sorgente accanto a un ulivo, ma il succo di melograno era il mio preferito.

Le porte interne della casa dei miei nonni erano strette, ma quella che si affacciava sulla strada era ampia e aveva una porta a battente, che poteva essere bloccata. Sul telaio della porta c'era una mezuza di legno d'ulivo che conteneva un piccolo rotolo di pergamena su cui era incisa la *Shemá* Israele. Mio nonno insisteva che dovevo memorizzare lo *Shema* Israele, cosa che alla mia giovane età mi era impossibile fare.

Ascolta, Israele: Il Signore nostro Dio è uno. E amerai il Signore tuo Dio con tutto il tuo cuore, con tutta la tua anima e con tutte le tue forze. E queste parole che oggi ti comando saranno sul tuo cuore; e le ripeterai ai tuoi figli, e ne parlerai stando nella tua casa, e camminando per la strada, e mentre ti corichi, e quando ti alzi. E le legherai come un segno nella tua mano, e saranno come frontali tra i tuoi occhi; e le scriverai sui pali della tua casa e sulle tue porte.

Scendendo da una collina, siamo rimasti sorpresi di vedere il tramonto che accarezzava e si sdraiava sulla cupola della sinagoga. Ho mantenuto il silenzio...

Entrando a Cana le palme applaudivano e il vento lodava e annunciava la presenza del Signore. Non dimenticherò mai la brezza accarezzandomi i capelli! Quella cortigiana invisibile che cammina a suo piacimento agitando i rami degli alberi, profumata del profumo dei fiori d'arancio e della fragranza dei fiori...

Avvenne che, alle porte del villaggio, riconoscendo Gesù, un certo ufficiale del re Erode Antipa il cui figlio era malato a Cafarnao, si avvicinò a Lui. Insicuro andò da lui e lo pregò di andare a casa sua e di guarire suo figlio, che stava per morire. Come padre amorevole che conosce il cuore di suo figlio, Gesù rispose con fermezza:

—*Voi non crederete mai se non vedete segni e prodigi, gli ebrei credono in Dio solo se vedono segni miracolosi e i greci cercano saggezza.*

Al giusto richiamo, l'ufficiale del re, con umiltà, insistette:

—¡A te, Signore, io grido; a te, Signore, supplico! Che cosa si guadagna che mio figlio muoia, con che sia portato al sepolcro? Signore, Signore, vieni presto, prima che mio figlio agonizzi!

Gesù, commosso, provò misericordia, esaudì il desiderio dell'afflitto padre e gli annunciò:

—*Torna a casa, tuo figlio è vivo.*

Dubbioso, l'uomo rimase in silenzio. Tuttavia decise di credere alle parole di Gesù, perché aveva sentito parlare dei miracoli che il Maestro stava compiendo e se ne andò pensieroso a casa sua. Mentre lo faceva, i suoi servi gli andarono incontro e gli diedero voci di gioia: "Rallegrati! Tuo figlio vive!". Stupito, l'ufficiale chiese: "A che ora mio figlio cominciò a sentirsi meglio?". Ed essi gli risposero: "Ieri, all'ora settima, gli si tolse la febbre". Il padre si rese conto di essere andato all'ora in cui Gesù gli comunicò: "Tuo figlio vive".

Rimasi stupito nel vedere il dolore di quel padre afflitto e il mio stupore fu maggiore quando lo vidi prostrato a piangere ai piedi di Gesù Cristo.

*   *   *

Quando arrivammo nella terra dei Gadareni che si trova oltre il mare di Galilea, Gesù scese dalla barca e noi lo seguimmo. Non avevamo raggiunto la terraferma quando tre uomini dall'aspetto diabolico si misero a gridare di andarcene da quel posto. Un opprimente fetore di putrefazione emanava da quelli indemoniati, poiché vivevano tra le tombe. Era un odore pungente e fetido, nauseante e cupo che permeava l'aria e rimaneva intrappolato nella gola. Erano molto magri, si disegnavano le costole sui loro stanchi corpi e avevano uno sguardo ipnotizzante glaciale che faceva rabbrividire.

Uno di loro non poté più sopportarlo e, inginocchiato davanti a Gesù, socchiuse gli occhi e chiese al Maestro in grida:

—¡Non scherzare con noi, Gesù, Figlio del Dio Altissimo! Ti preghiamo per l'Eterno Creatore dell'universo di non preoccuparci! Sei venuto qui per tormentarci prima del tempo? —disse questo perché Gesù aveva ordinato allo spirito impuro di uscire da quell'uomo.

—*Come si chiamano?* —chiese il Maestro.

Un altro ha risposto:

—Ci chiamiamo Legione, perché siamo in tanti.

Quando ho sentito la risposta, ho avuto un tremore che ha attraversato tutto il mio corpo. Una legione dell'esercito romano era composta da seimila soldati di cavalleria e fanteria. Se i demoni si fossero scatenati, il Maestro avrebbe affrontato una massiccia concentrazione di potere demoniaco.

A una certa distanza da lì c'erano molti maiali che mangiavano e i demoni sapevano che dovevano uscire da quegli uomini, poiché non potevano mettere in discussione l'autorità del Rabbi. Allora il grande demonio che portava un anello d'ambra rossa sul dito indice si rivolse al Maestro e lo pregò con insistenza: "Mandaci i maiali e lasciaci entrare in loro". Insistente supplicava il Maestro di non mandarli nell'abisso. Il Rabbino, più che ascoltare, sentì la malvagità della richiesta del demonio, poiché pretendevano di abitare nei maiali e tornare alle loro prede quando Gesù si ritirava. Conoscendo le loro intenzioni, il Rabbino diede loro il permesso:

—Andate...

Io chiesi a Pietro perché i demoni non volevano andare nell'abisso e lui mi rispose:

—L'abisso è il luogo dove gli spiriti malvagi sono imprigionati. Se non smetti di parlare, manderemo anche te in quel luogo.

Gli spiriti impuri uscirono dall'uomo e entrarono nella mandria di maiali. Questi, che erano circa duemila, si precipitarono da una rupe fino a cadere in un lago e annegarono; i demoni furono mandati nell'abisso.

In quel momento, quelli che si prendevano cura dei maiali fuggirono e andarono a raccontare nel villaggio e nei campi quello che era successo. La gente accorse a vedere quello che era successo e, quando giunsero da Gesù, videro i tre uomini che erano stati indemoniati, vestiti e nel loro pieno giudizio. Tutti erano spaventati, poiché i posseduti erano così feroci che non permettevano a nessuno di passare per quella strada, camminavano nudi e nessuno poteva tenerli nemmeno in catene. Gli abitanti della regione di Gerasa cominciarono a pregare Gesù di andarsene, perché avevano molta paura, poiché era noto che c'erano più indemoniati e temevano che il Signore mandasse le mandrie di maiali al lago e che così perdessero i loro profitti.

Uno degli uomini da cui erano usciti i demoni si sedette ai piedi di Gesù, in segno di voler essere suo discepolo e lo pregò di permettergli di andare con Lui, ma Gesù gli ordinò di rimanere:

—*Torna a casa e racconta tutto ciò che Dio ha fatto per te.*

L'uomo andò al mercato del popolo e raccontò ciò che Gesù aveva fatto per lui e tutti si spaventarono e volevano assicurarsi che il Maestro si ritirasse da quel luogo. Gesù salì sulla barca e fece segno a Pietro di salpare. Poi si distese su delle reti e si addormentò. All'improvviso si alzò nel lago una grande tempesta con forti venti strepitosi che facevano alzare onde gigantesche che battevano la barca. Pensavo che la nave si sarebbe rotta e mi sono aggrappato al mastice. Pietro e Filippo si sforzavano di far tornare la nave a terra; ma non potevano perché il mare si andava sempre più impetuoso contro di noi. Noi lottavamo perché la nave non affondasse mentre Gesù dormiva. Poi tutti abbiamo preso il panico e abbiamo cominciato a gridare:

—Signore, salvaci! Annegheremo!

Mentre avveniva questo grande caos dove tutti pensavamo che la fine fosse arrivata, nostro Signore Gesù dormiva pacificamente. Né il ruggito del vento né l'assalto delle onde e nemmeno il continuo e brusco dondolamento della nave lo ha svegliato. Avevamo assistito ai miracoli e alle guarigioni che il Maestro aveva compiuto, ma la paura si impadronì di noi, che perdemmo la calma e fummo presi dal terrore.

—*Perché temete, uomini di poca fede?*

Poi si alzò, sgridò il vento e le onde e all'improvviso ci fu una grande calma. Tutti restammo stupiti e ci chiedemmo: "Chi è quest'uomo? Anche il vento e le onde lo obbediscono!". Il Maestro dimostrò ancora una volta la sua autorità rivelando che non aveva potere solo sulle malattie e sui demoni, ma anche sulla natura stessa, il che dimostrava che era sicuramente il Messia tanto atteso.

Tornammo dall'altra parte del lago, dove una grande folla si radunò per ascoltare il Maestro. Una sera, mentre Gesù insegnava all'ombra di un cipresso, venne un ufficiale del tempio. Aveva un viso lungo, un viso un po' trasandato e il suo volto era triste. Senza dire parola si prostrò davanti al Cristo. In quel momento, Giuda Taddeo che mi stava accanto, sussurrandomi, mi disse: "È Giairo, il capo della sinagoga, che cosa si aspetterà dal Maestro?"

—O mio Signore, mia figlia è molto malata, ti prego di guarirla! Abbi pietà di me!

Con voce tagliata e tremante, l'ufficiale implorava il Rabbino, perché sapeva del cattivo trattamento che Gesù riceveva dai sospetti farisei e scribi della città.

Gesù rimase in silenzio e raccolse le mani come chi prega al cielo. Allora, sentendo compassione per quel padre, il Maestro decise di lasciare l'insegnamento e andare alla ricerca della bambina malata. Pietro e Simone il Cananeo lottavano per far posto al Maestro, perché la gente diceva che ci sarebbe stato un segno, una conferma che Gesù era il Messia e tutti volevano essere vicini al Nazareno quando avrebbe compiuto il miracolo. La strada che dovevano seguire era stretta, acciottolata, un po' puzzolente e il tumulto ritardava l'arrivo. Giairo, disperato di arrivare in tempo per salvare sua figlia dalle grinfie della morte, camminava davanti e gridava a gran voce dicendo:

—Aprite la strada, il tempo stringe e in Gesù ho posto la mia speranza!

Avvenne che una donna pallida e decrepita si trovava seduta su una pietra, sul ciglio della strada. Ella pregava dunque in solitudine il suo dolore e il suo disagio. Da dodici anni resisteva in segreto un'emorragia irregolare che consumava la sua vita. Disperata aveva consultato molti medici e, avendo speso tutto ciò che aveva senza alcun beneficio, ora si aggiungeva alla sua tristezza che la sua salute continuava a decadere. Così, stanca e delusa, si era già rassegnata a soffrire in silenzio la sua malattia.

Improvvisamente, i suoi pensieri furono interrotti da un gran trambusto; si voltò e vide una folla che sollevava la polvere. Si spaventò così tanto quando sentì quel tropel dirigersi verso di lei, che sentì il cuore traboccare dal suo petto. La legge la ripudiava e la considerava impura a causa della sua condizione, essa doveva nascondersi e allontanarsi dalle persone pena la morte.

La via era stretta e non aveva dove rifugiarsi le sue stanche ossa. Senza avere dove andare, intrappolata, senza via d'uscita ha deciso di incollare il suo corpo stanco, il più possibile, a un muro di argilla. Mentre si avvicinavano, il loro respiro accelerava al ritmo della camminata. In quel momento, la triste donna desiderava essere invisibile e credo che il suo desiderio si sia realizzato, perché quando è arrivato a lei, il gruppo è passato senza che nessuno si voltasse a vederla. Coprì il suo volto con un velo di lino logoro che le permetteva di vedere senza essere riconosciuta. Notando che tutti volevano stare vicino a un uomo, la donna triste e pallida con la voce timida chiese:

—Chi è quell'uomo che state seguendo così intensamente?

—È Gesù di Nazaret, alla casa di Giairo andiamo -gli rispose in fretta uno dei pellegrini.

La donna aveva sentito parlare di Gesù, il figlio del falegname, e dei grandi miracoli che compiva. Vedendo il Maestro passare davanti a lei, una speranza annegò tutto il suo essere, il sogno di recuperare la salute gli provocò un timido sorriso e disse a se stessa:

—Se solo tocco il suo mantello, guarirò.

Con un cuore pieno di speranza, la donna decise di raggiungere i piedi di Gesù e implorare la guarigione. Quando abbiamo finito di passare, ci ha seguito a distanza. Non aveva la forza per raggiungerci, ogni passo che faceva era un'agonia e, vedendo che ci perdevamo, rimanendo dietro di lei, svanì la sua illusione. Ma quando raggiunse una piazzetta, la folla si fermò un momento per bere acqua fresca da una fonte di cava. Era la sua occasione! Strinse il passo e già accanto a noi, non avendo la forza di continuare a stare in piedi, strisciò e tra ginocchia, spintoni e passi, si fece strada. Il Maestro era a pochi passi di distanza, ma sembrava un'eternità arrivare a Lui. Spinta dalla sua fede, spendendo le sue scarse forze, riuscì appena a passare tra la folla che la allontanava da Gesù. Esausta ce l'ha fatta, è arrivata ai piedi di Gesù Cristo e essendo alla sua presenza è stata tanta la sua emozione che non ha più chiesto nulla, ha solo mantenuto il silenzio. Si inchinò in ginocchio davanti a Lui, abbassò il volto e in un atto di fede toccò il bordo del suo mantello.

In quell'istante sentì che un calore guaritore scorreva in tutto il suo corpo, si riempì di gioia e dopo un forte crampo che si spezzò il suo essere, si prosciugò la fonte di sangue che goccia a goccia prendeva la sua vita. Ancora in modo miracoloso fu guarita!, liberandosi da quel flagello.

Subito Gesù sentì emergere da Lui una forza vitale e, rivolgendosi tra la gente, domandò:

—*Chi ha toccato i miei vestiti?*

Pietro, che era accanto a lui, gli rispose: «Tu stai vedendo che la gente ti stringe dappertutto e chiedi: "Chi mi ha toccato?"». Ma Gesù continuava a guardarsi intorno fissando gli occhi sui presenti, cercando colui che lo aveva toccato. La donna si rese conto che era stata scoperta. Era per lei un momento difficile e pericoloso. Poiché, secondo la credenza del tempo, sapevamo che una persona impura come lei, toccando gli altri, contaminava la loro impurità cerimoniale. E così doveva essere nel toccare Gesù. Per questa colpa doveva morire: la punizione era di essere messa da parte e lapidata. Ella era obbligata a gridare: "Impura, impura!", mentre camminava tra la gente. Oh Non fare questo o toccare il sangue o i morti erano fattori di esclusione dalla presenza di Dio!

Vedendosi guarita, la donna cercò di nascondersi per evitare di affrontare il popolo, ma la sua fede le fece superare la paura e poté testimoniare del miracolo ricevuto. Tremante si prostrò davanti al Maestro e confessò la verità. Lo sguardo illuminatore di Gesù penetrò nel profondo del cuore di quella donna e pronunciò con tenerezza queste parole:

—*Figlia, la tua fede ti ha salvata, va' in pace e guarisci dalla tua malattia!*

La donna pianse di felicità e ringraziò Dio per il profondo sollievo della sua guarigione, mentre Giairo stava accanto a Gesù, impaziente, consumandosi nella sua angoscia. Non riusciva a capire perché il Signore indugiava tanto con quella donna mentre sua figlia moriva.

Gesù era più interessato alla salvezza dell'anima che a quella del corpo e approfittava di quel momento, poiché il popolo era sorpreso dalla guarigione della donna. Così, prendendo il suo tempo, a suo piacimento cominciò a predicare il Vangelo della salvezza.

Quei minuti furono senza dubbio una dura prova per il ricco capo della sinagoga, egli era abituato ad essere servito prima di chiunque altro e ora che doveva aspettare e vedere il Maestro risolvere i problemi degli altri, gli consumava l'impazienza. La situazione divenne molto tesa e la gioia diminuì quando il personale della casa di Giairo arrivò a dirgli:

—Tua figlia è morta, perché disturbare di più il Maestro?

Essi erano a conoscenza della visita di Gesù, ma la morte era stata anticipata e pensavano che il Maestro non sarebbe riuscito a superarla! Gesù, che aveva ascoltato quello che avevano detto, rivolse il suo volto a Giairo e lo consolò: "Non temere; abbi solo fede". Con un grido di pianto incastrato nella gola, Giairo si trattenne, le lacrime rotolavano, ma le parole del Maestro erano luce in mezzo alla tempesta...

Nel frattempo, nella casa di Giairo un grido di lamento attraversava i campi annunciando che la morte si era manifestata; un lamento straziante, un acuto grido che penetrava le orecchie e arrivava fino al timpano si udì in tutto il quartiere. Ancora la bambina è morta! Questo grido di spavento fu accompagnato dai prolungati lamenti dei parenti e amici di Giairo che così dimostravano la loro tristezza.

Abbiamo continuato a camminare e, arrivando a una curva vicino al lago di Galilea, vicino a Cafarnao, si poteva già vedere la casa di Giairo. Abbiamo seguito la strada e, quando finalmente siamo arrivati, abbiamo trovato la gente che piangeva con grande tristezza. Allora udii che Pietro ricordava le parole del profeta Michea che diceva: "Per questo piangerò e griderò di dolore, e camminerò scalzo e nudo. Ululerò come sciacallo e gemerò come struzzo". Tali lamentele si ebbero nella casa di Giairo, quando Gesù entrò in essa e osservò il tumulto che c'era, alcuni che piangevano e altri che gridavano e vedevano i flautisti e la folla nel chiassoso disordine. Alzando la voce, annunciò:

—*Perché si agitano e piangono? La bambina non è morta; è addormentata.*

I servi della casa ridevano e deridevano il Maestro. Daniele, l'amministratore dei beni di Giairo, non si era fatto attendere e, secondo l'usanza ebraica, aveva già cominciato i preparativi per la sepoltura; tutta la casa odorava di incenso e di mirra.

Per la seconda volta il Maestro disse a Giairo:

Senza dire parola, con volto serio e assorto, Giairo abbracciò sua moglie; dopo un momento di silenzio, lei, con uno sguardo fragile e traslucido, rivelò la sua tristezza: "Azeneth è partito, la nostra bambina è morta".

Il Maestro, sentendo il lamento della madre, chiese a tutti di uscire. Subito prese la mano della signora addolorata e, accompagnato da Giairo, entrò nella camera dove si trovava il corpo della bambina. Non permise a nessuno di accompagnarlo, tranne Pietro, Giacomo e Giovanni. Un manto di lino e di lana separava la camera da letto dal cortile della casa, lì riuniti i discepoli ci univamo in preghiera. Nonostante il sipario che ci separava, potevamo intravedere e sentire cosa succedeva dentro.

La madre tolse dal volto della bambina un velo di lino che, secondo la tradizione ebraica, le copriva il volto. Un diadema di fiori adornava la sua testa. Le sue mani erano giunte sul suo petto, le sue dita erano intrecciate e tenute insieme da bende di lino fine. La morte non gli aveva rubato la freschezza, sembrava addormentata. Vidi che Gesù prese la mano della bambina, le accarezzò la testa e le sussurrò all'orecchio:

—*Talita kum* —che significa: "Ragazza, a te dico, alzati".

L'amore, la dolcezza, l'affetto con cui Gesù pronunciò quelle parole illuminarono la stanza. Le lunghe ciglia nere della ragazza tremarono leggermente, risaltando sui suoi lineamenti sottili e pallidi; una lacrima rotolò fino alle labbra innocenti che, sentendo l'umidità, assaporarono il sale. Fu allora che la ragazza aprì gli occhi e tese la sua piccola mano verso suo padre. Vedendola sveglia, la madre non poté più trattenere la sua gioia, il suo cuore palpitava inondato di tenerezza alla vista del suo germoglio vivo e l'abbracciò. "Torna indietro, figlia mia!"». Esaltata gridava, era un grido di gioia che nel cielo echeggiava percorrendo le valli di tutta la Galilea. Ascoltando la notizia, i parenti e i servi di Giairo rimasero stupiti e domandarono: "Chi è questo Gesù che risuscita i morti?". Azeneth con l'aiuto di suo padre si alzò dal suo letto. Fu in quel momento che lo sguardo della bambina e quello del Maestro si fusero come il ferro in un bagliore solare. Gesù allungò la mano e la fanciulla la prese con tenerezza e senza cercare parole fiorite gli disse:

Ho fame —il Maestro sorrise...

   *   *   *

Al tramonto, dopo una lunga camminata, raggiungiamo un piccolo villaggio chiamato Betfage, situato sul versante orientale del Monte degli Ulivi. L'aria era piena di odori di lavanda, cera d'api e fichi maturi. In quel luogo, fummo ricevuti da un uomo entrato in età chiamato Eliseo, cugino di Lazzaro di Betania. Salutò il Maestro con rispetto e con voce affabile ci disse:

—Andiamo alla fontana del mercato per lavarsi, la giornata sta per finire e Lazzaro e le sue sorelle hanno già pronto il tavolo per celebrare lo *Shabbat*.

Mentre sciacquavo i piedi vidi un fico carico di frutti dolci e carnosi e non potei resistere alla tentazione. Senza dire nulla ai miei compagni che si lavavano, mi avvicinai discretamente al fico e presi un pugno di frutta. Godendomi i fichi che erano umidi e polposi, non mi sono reso conto che un esercito di formiche stava venendo verso di me e un enorme sciame di api mi guardava con disprezzo. All'improvviso udii il ronzio di alcune api che volavano in cerchio sopra la mia testa, non prestai loro attenzione e continuai a godermi il miele dei fichi, che già scorreva nella mia barba e cadeva a terra. All'improvviso sentii un pizzico sul tallone e abbassai lo sguardo. C'erano centinaia di formiche che salivano e scendevano dalle mie caviglie, reclamando la mia audacia di rubare i loro fichi. Almeno un milione di formiche si erano impossessate del mio corpo, camminavano dappertutto, sopra e sotto la mia veste con l'intenzione di rimproverarmi.

Io non sapevo cosa fare, e mi prendevo gioco di me. È stato allora che ho sentito un ronzio e ho sentito una puntura nel lobo dell'orecchio. Sicuramente il comandante dell'alveare ha aspettato che io mi occupassi di scuotere le formiche per dare l'ordine e uno sciame di api guardiane furiose e aggressive si è lanciato su di me.

Non sapendo cosa fare, corsi senza voltarmi, una nuvola di pungiglioni vendicativi mi seguì, così mi gettai nella fontana. Mi nascosi in fondo all'acqua e rimasi lì finché non riuscii più a trattenere il respiro. Quando sono salito in superficie, era tutto un baccano e i miei compagni gridavano e cercavano di togliersi le api di dosso, è allora che ho sentito Simon che gridava:

—Salvaci, Signore, le api ci uccideranno! Valgono più loro delle nostre vite?

Il Signore alzò le mani e migliaia di api si prostrarono su di loro. Egli parlò loro con tenerezza e tutti si calmarono. Poi ordinò loro:

—*Non perdete tempo a pungere questi stolti che vi rubano i fichi, tornate al vostro alveare.*

Lo sciame immediatamente volò e si perse a distanza. Pietro, mostrando una palpebra gonfia, reclamò gridando di rabbia:

—Chi ha rubato i fichi?

—È stato Natanaele —rispose Giovanni mentre si toglieva i pungiglioni dalle braccia. Tommaso si lamentava perché aveva quattro pungiglioni conficcati, uno sulla faccia esterna di ogni polso e due sulle caviglie.

Pietro mi prese per le spalle e, sollevandomi come un fascio di grano, mi tirò fuori dalla fontana. Stava per colpirmi quando il Maestro gli disse:

—*Il gonfiore del tuo occhio ha annebbiato il tuo cuore...*

Pietro si staccò e, con lo sguardo fisso su di me, rimase in silenzio per alcuni secondi; poi sorrise dicendo:

—Orecchio di cavolfiore! , mi hai tenuto dei fichi?

Tutti hanno rotto il silenzio con risate e si sono vantati delle cicatrici della battaglia contro le api.

    *   *   *

Quando arrivammo a casa dell'amico del rabbino, fummo accolti con grande gioia. Marta e Maria abbracciarono il Maestro, e il loro fratello Lazzaro ci mostrò con entusiasmo la sua modesta dimora. Era costruito su fondamenta in pietra che sostenevano i muri di mattoni di adobe, impastato con i piedi e cotto al sole. Le pareti erano parzialmente ricoperte di calce.

La porta era in legno di quercia, e sullo stipite destro c'era una sciabola di rame. Aveva tre stanze e un cortile interno che comprendeva una cisterna scavata nella pietra dove veniva immagazzinata l'acqua piovana. C'era una scala esterna al tetto costruita con bastoni incrociati e sopra di essi foglie di palma essiccate tenute ferme da uno strato di fango. Tuttavia, ciò che mi interessava di più era cucinare, stavo morendo di fame.

—È tardi e i raggi del sole si stanno spegnendo! — Eliseo lo avvertì.

Allarmata, Marta ci invitò a sederci al tavolo. Tutto era pronto per celebrare le preghiere dello *Shabbat*. La tavola era coperta da una tovaglia di lino bianco, al centro c'erano due lampade ad olio; due pezzi di *jalot* intrecciato poggiavano su un vassoio ricoperto da una tela decorata con ricami in azzurro cielo e rosso. Un vaso di pietra scolpita che sembrava molto antico era pieno di vino.

Eravamo in piedi intorno al tavolo, quando Marta prese un pezzo di scheggia ardente dal braciere in cucina e accese le lampade a olio, poi ci invitò a cantare *Shalom Aleichen*:

> *La pace sia con voi*
> *Angeli Servitori*
> *Messaggeri dell'Altissimo*
> *Del supremo Re dei re*
> *Il Santo, sia Benedetto,*
> *Possa la tua venuta essere in pace*
> *Angeli della Pace*
> *Messaggeri dell'Altissimo*
> *Del supremo Re dei re*
> *Il Santo, sia Benedetto,*
> *Benedicimi con la pace*
> *Angeli della Pace*
> *Messaggeri dell'Altissimo*
> *Del supremo Re dei re*
> *Il Santo, sia Benedetto,*
> *Che la tua partenza sia in pace*

Angeli della Pace

Messaggeri dell'Altissimo

Del supremo Re dei re

Il Santo, sia Benedetto.

Quando ebbe finito di cantare l'inno, Lazzaro invitò il Maestro a pregare. Il Rabbino si coprì il capo con il *tallit*, alzò le mani e pregò:

—*E fu il crepuscolo e ci fu l'alba, il sesto giorno. Così finirono i cieli e la terra e tutti gli esseri che sono in essi. Il settimo giorno Dio terminò l'opera che aveva compiuto e cessò di compiere l'opera che aveva intrapreso. Dio benedisse il settimo giorno e lo consacrò, perché in esso cessò di compiere l'opera che aveva creato. Benedetto sei tu, Signore nostro Dio, Re dell'universo, creatore del frutto della vite.*

Benedetto sei tu, Signore, nostro Dio e Re dei mondi, che ci hai santificati con i tuoi comandamenti e ci hai amati; e il tuo sacro Shabbat con amore e gentilezza che hai ereditato da noi; oggi ricordiamo la tua creazione, la prima delle date sante e ricordo dell'Esodo dall'Egitto. Il tuo sacro Shabbat, che ci hai lasciato in eredità con amore e gentilezza. Benedetto sei tu, Signore, che santifichi lo Shabbat.

Quando abbiamo finito di pregare, abbiamo bevuto tutti il vino e abbiamo proseguito con il rituale di lavarci le mani per mangiare il pane. Lazzaro agitò le mani bagnate in aria per asciugarle.

Maria e Marta deposero un mazzo di fiori al centro della tavola per ricordare le meraviglie del creato; servivano piatti di terracotta pieni di pesce, fagioli, spighe di grano tostate, olive verdi e pane con semi di sesamo appena sfornati. Infine c'erano fichi, datteri, noci e melagrane enormi che arrossivano modestamente quando vedevano che non potevo più resistere alla tentazione di mangiarle. Oh, per non parlare di una dozzina di brocche di vino rosso!

Lazzaro alzò il calice e con il cuore traboccante di gioia disse:

—Che bel modo di festeggiare l'arrivo della Pasqua! È un impegno, facciamo in modo che questa celebrazione diventi una tradizione.

Pensieroso, quasi tristemente, il Rabbino rimase in silenzio.

—*Abbà, Padre, eccomi qui, a celebrare lo Shabbat circondato da amici. Con un sorriso cerco di nascondere la mia chimera di una lunga vita terrena. Mi sforzo di nascondere i sentimenti contrastanti che mi tormentano; Il mio cuore svanisce tra la speranza e il dolore, l'euforia e la paura. Posso nascondere il mio dolore agli uomini, ma come posso nasconderlo a te? Non c'è nulla di nascosto alla tua vista, tutte le cose sono scoperte e nude davanti ai tuoi occhi.*

Padre mio, un momento di felicità, un sorso di vino, cosa sono di fronte alla morte più terrificante che sta arrivando? In obbedienza mi sono spogliato della mia divinità per vivere tra gli uomini, eppure con te faccio parte dell'eternità e so cosa mi aspetta.

Come una lampada a olio, la mia vita in questo mondo sta lentamente svanendo. Il tuo amore e la tua misericordia rafforzano la mia anima, ma la mia fragilità umana teme il dolore. Per adempiere le Scritture entrerò a Gerusalemme su un puledro, il popolo mi adorerà, ma ogni ramo di palma che mi verrà offerto lungo il cammino, lo pagherò con una frustata[4]*; i pungiglioni d'osso e di piombo mi strapperanno pezzi di carne dalla schiena; ogni osanna lo pagherò con una goccia di sangue che assorbirà*

---

[4] Risparmia ora.

la sabbia o dipingerà il legno. Ah, Padre mio, non distogliere lo sguardo da me quando pendo dalla croce, perché sta scritto: "Maledetto chiunque pende da un albero".

*   *   *

Una notte fresca e tranquilla, mentre il Maestro ci parlava del regno di Dio, una bella ragazza gli si avvicinò e gli offrì dei datteri d'oro intinti nel miele vergine. Dopo averla salutata, il Rabbino li assaggiò e, con un'espressione di compiacimento, chiese:

—*Da dove hai preso questa prelibatezza?*

—Te li manda mio nonno, vuole conoscerti —rispose la ragazza con voce dolce, spingendo indietro i riccioli dorati che le cadevano sulla fronte come spighe di grano al momento della mietitura.

Sentendolo, Pietro disse a Giacomo:

—Un altro intruso, ma questo è stato troppo intelligente, lo licenzieremo, inoltre, è troppo tardi.

—*Aspetta* —*disse il Maestro*—, *non vuoi deludere questa creatura. Dai, Pietro, prova un appuntamento e fai entrare il nonno.*

Brontolando, Pietro prese un appuntamento e, voltandosi a guardarmi, ordinò: "Vediamo chi è quel tizio". A pochi metri di distanza, nell'ombra, vidi un uomo anziano con i capelli bianchi e la barba ricciuta. Era un ebreo che nel suo vestito sembrava un ricco fariseo.

La sua testa era coperta da un *tallit* di seta che gli copriva le spalle, sembrava che stesse pregando, eppure per molti versi mi ricordava i maestri della legge che lo tormentavano costantemente. Vedendolo, Pietro gli chiese in tono prepotente:

—Chi sei e cosa vuoi?

—Io sono Nicodemo, amico di Giuseppe d'Arimatea. Nel mio cuore è nato il desiderio di conoscere il vostro Maestro, perché ho sentito parlare molto dei suoi insegnamenti e dei suoi miracoli.

—Perché vieni a quest'ora della notte? —disse bruscamente.

—Non ti mentirò, sono un fariseo, un maestro della legge e un membro del Sinedrio. La mia posizione non mi permette di farmi vedere accanto al presunto truffatore che si proclama il Messia, quindi eccomi qui di notte e di nascosto.

—Non mi vergognerei mai di essere un seguace del Nazareno! Avanti, seguimi, ti porterò dal Maestro, ma ti guarderò.

Di fronte a Rabbi Nicodemo impallidì, e con voce nervosa lo salutò dicendo: "*Shalom aleichem*". Il Maestro rispose:

—Aleichem shalom, grazie per le date, come posso aiutarti?

Nicodemo si mise il *tallit* sulle spalle e disse:

—Maestro, sappiamo che Adonai ti ha mandato per insegnarci, perché nessuno sarebbe in grado di interpretare la Torah o di compiere i miracoli che fai tu se Dio non fosse con lui.

Il Maestro rispose:

—*Vi assicuro che se una persona non nasce di nuovo, non sarà in grado di vedere il regno di Dio.*

Nicodemo alzò le spalle e sorrise. Egli non aveva compreso il messaggio del Cristo, perché nell'ascoltarlo pensò al significato materiale delle parole, invece di elevare la sua mente alle azioni soprannaturali dello Spirito Santo, mediante le quali l'uomo deve essere rigenerato. Con uno sforzo riacquistò la calma e chiese:

—Come si può rinascere quando si è vecchi? Posso entrare nel grembo di mia madre una seconda volta e rinascere?

—*Io vi dico: se non siete nati d'acqua e di Spirito, non potete entrare nel regno di Dio. Siamo tutti nati da genitori umani; ma i figli di Dio sono nati solo dallo Spirito. Non stupitevi se vi dico che dovete nascere di nuovo. Il vento soffia dove vuole, e tu lo senti fischiare, anche se non sai da dove viene e dove sta andando. Lo stesso vale per tutti coloro che sono nati dallo Spirito.*

Eravamo tutti scioccati, quando la risposta del Maestro mandò in frantumi le convinzioni dei nostri genitori che la nostra identità razziale ci assicura un posto nel Regno di Dio.

Nicodemo chiese di nuovo:

—Com'è possibile che questo accada?

—*Sei un insegnante famoso in Israele, non lo sai? In verità vi dico: sappiamo quello che diciamo, perché l'abbiamo visto; ma tu non credi a quello che ti diciamo. Se non mi credete quando vi parlo delle cose di questo mondo, come mi crederete se vi parlo delle cose del cielo? Nessuno è salito al cielo, ma solo colui che è disceso da lì, cioè io, il Figlio dell'uomo.*

—Che segno puoi darci per crederti? —Nicodemo lo interruppe stupito.

—*Mosè innalzò il serpente di bronzo nel deserto, e allo stesso modo io, il Figlio dell'uomo, devo essere innalzato affinché chiunque crede in me abbia la vita eterna.*

—Ma Maestro, il profeta Mosè innalzò il serpente di bronzo durante l'esilio di Israele nel deserto del Sinai per guarire coloro che erano stati morsi da serpenti velenosi. E perché hai bisogno di essere sollevato?

—Mio Padre amava tanto gli uomini di questo mondo e, cercando la riconciliazione con loro, ha dato me, che sono il suo Figlio unigenito, perché chiunque crede in me non muoia, ma abbia la vita eterna. Perché Dio non mi ha mandato in questo mondo per condannare le persone, ma per salvarle. Chi crede in me, che è il Figlio di Dio, non sarà condannato da Dio. Ma chi non crede è già stato condannato, proprio perché non ha creduto nell'unigenito Figlio di Dio. Ed è così che Dio giudica: Io sono venuto nel mondo e sono la luce che risplende nelle tenebre, ma poiché gli uomini hanno fatto il male hanno preferito le tenebre alla luce. Tutti coloro che fanno il male odiano la luce e non si avvicinano ad essa, per timore che ciò che fanno venga scoperto. Ma coloro che preferiscono la verità vengono alla luce, perché vogliono che gli altri sappiano che obbediscono a tutti i comandamenti di Dio.

—Allora non sei venuto ad abolire la Legge?

—*No, non sono venuto per invalidare la Legge, sono venuto per obbedirle.*

Nicodemo si coprì di nuovo il capo con il tallit, si inchinò e, senza dire una parola, si ritirò con la nipote.

Poiché il numero dei seguaci di Gesù aumentava di giorno in giorno, i farisei lo cercavano con cattive intenzioni. quando il Maestro lo seppe, ci chiese di accompagnarlo in Galilea, forse per evitare l'arresto. Il viaggio sarebbe durato diversi giorni e avremmo dovuto attraversare la regione della Samaria.

I samaritani avevano sangue israelita e sangue gentile. Il popolo samaritano era stato formato dalla contaminazione delle tribù d'Israele che erano state portate in cattività dagli assiri. Avevo paura di loro, perché la loro religione era un misto di credenze e pratiche ebraiche e pagane.

Verso mezzogiorno arrivammo in una città chiamata Sichar; eravamo già nel territorio della Samaria, ed ero sospettoso di tutti. A me sembravano beduini, avevano la pelle più scura della nostra, non so se fosse per il sole intenso o se fosse una caratteristica degli assiri. Mentre guardavo la gente, inciampai su una pietra, e se non fosse stato per il fatto che afferrai la veste di Giuda Iscariota, sarei caduto a faccia in giù. Sentendo l'attrazione, Giuda mi diede una spinta, dicendo:

—Lasciami andare, ti meriti di esserti rotto la faccia per essere stato uno sciocco, chiudi la bocca, stai sbavando tutto il tempo!

—Lascialo stare, sei tu che sbava quando vedi una moneta —intervenne Andrea.

Non ci volle molto perché Giovanni entrasse nella discussione e questo accese il coraggio di Pietro, che cominciò a sferzare indiscriminatamente con un nastro azzurro che gli fermava la frangia. Di fronte a questa anarchia, il Maestro intervenne:

—*Calmatevi, tutti, il sole e la fame ci stanno influenzando. Giuda, fai attenzione alle tue parole, chiunque insulti un altro sarà portato in tribunale. E chi maledice il proprio fratello sarà gettato nelle fiamme dell'inferno. Guarda, abbiamo raggiunto il pozzo d'acqua, beviamo e rinfreschiamo i piedi.*

L'oasi era molto famosa, in quanto era appartenuta molto tempo prima a Giacobbe. Un arco calcareo e un vecchio ulivo riparavano l'unica fonte di vita a un giorno di cammino dalle acque cristalline della sorgente. Era l'ora nona, il sole era alto e il Maestro sembrava stanco. Si sedette sull'orlo del pozzo e disse a Giuda, il custode della borsa:

—*Vai a comprare qualcosa da mangiare, Simon e Giacomo ti accompagneranno.*

Mentre aspettavamo che tornassero dal villaggio, una donna di Samaria venne ad attingere l'acqua dal pozzo. Indossava una lunga veste rossastra chiusa da una spilla di bronzo a forma di mezzaluna. Si coprì il capo con un velo lunghissimo che le cingeva il collo, e con la mano destra teneva una brocca di terracotta che teneva in equilibrio sulla sommità del capo. Il Rabbino in tono gentile chiese alla donna:

—*Dammi un po' d'acqua.*

La donna rimase sorpresa, visto che noi ebrei non andiamo d'accordo con i samaritani e chiese:

—Ma tu sei ebreo! Com'è che mi chiedete, che sono una samaritana, l'acqua?

Gesù gli rispose:

—*Tu non sai cosa Dio vuole darti, e non sai chi sono io. Se lo sapessi, mi chiederesti l'acqua e io ti darei l'acqua che dà la vita.*

La donna, stupita, rispose:

—Non hai nemmeno niente per far uscire l'acqua da questo pozzo. Come farai a darmi quell'acqua? Molto tempo fa il nostro antenato Giacobbe ci ha lasciato questo pozzo. Lui, i suoi figli e le sue greggi hanno bevuto l'acqua di qui. Sei più importante di Giacobbe?

—*Non ho ancora assaggiato l'acqua, ma chi beve l'acqua di questo pozzo ha di nuovo sete, ma chi beve l'acqua che io do non avrà mai più sete. Perché quell'acqua è come una sorgente da cui sgorga la vita eterna.*

Allora la donna gli disse:

—Mi fa male la schiena e devo camminare molto per arrivare al pozzo, dammi un po' di quell'acqua, così non ho più sete e non devo venire qui a prenderla.

Sentendolo, Pietro non riuscì a trattenersi e si lasciò sfuggire una risata beffarda e quasi cadde a terra. Vedendo che la Samaritana non aveva capito, il Maestro scosse la testa e disse:

—*Va' a chiamare tuo marito, torna qui con lui, e vedremo se posso darti da bere l'acqua dei giusti.*

—Non ho marito —rispose la donna.

—*È vero, perché ne hai avuti cinque e l'uomo con cui vivi ora non è tuo marito.*

—Signore, mi sembra che tu sia un profeta. I miei antenati hanno adorato Dio a lungo su questo monte, ma gli ebrei dicono che Dio dovrebbe essere adorato a Gerusalemme.

—Credimi, donna, verrà presto il tempo in cui, per adorare Dio, nessuno dovrà venire su questo monte o andare a Gerusalemme. Voi samaritani non sapete chi adorate. Ma noi ebrei sappiamo chi adoriamo. Poiché il Salvatore uscirà dai Giudei. Dio è spirito, e coloro che Lo adorano, per adorarLo correttamente, devono essere guidati dallo Spirito.

Verrà il tempo in cui coloro che adorano Dio Padre lo faranno come dovrebbero, guidati dallo Spirito, perché è così che il Padre vuole essere adorato. E quel momento è arrivato!

So che il Messia sta arrivando. Quando verrà, ci spiegherà ogni cosa.

Io sono il Messia. Io sono, eccomi qui a parlarvi.

Sbalordita, la donna lasciò cadere la brocca e corse nel villaggio, gridando: "Venite a vedere un uomo che sa tutto quello che ho fatto nella vita. Potrebbe essere il Messia!" Allora la gente, mossa dalla curiosità, lasciò il villaggio e andò alla ricerca del Maestro.

In quel momento arrivarono Giuda, Simone e Giacomo e, quando seppero che aveva parlato con una donna, nessuno di loro osò chiedergli che cosa volesse la samaritana o di che cosa stesse parlando con lei.

Mentre questo accadeva, pregammo il Rabbino di mangiare qualcosa, perché non assaggiava cibo da due giorni.

Ma Egli ci ha risposto:

—*Ho un cibo che tu non conosci...*

Simone chiese a Pietro: "Gli hanno portato qualcosa da mangiare?" La samaritana non ha portato nulla ed è l'unica persona che è venuta. Mentre stavamo discutendo, il Maestro rispose:

—Il mio cibo è fare la volontà di colui che mi ha mandato e portare a termine la sua opera. Dopo aver seminato il grano, dite: "In quattro mesi mieteremo il raccolto". Fate attenzione: tutte quelle persone che vengono in cerca di conforto sono come un campo di grano pronto per il raccolto. Dio ricompenserà coloro che porteranno la buona notizia a tutta questa messe di persone, poiché tutti avranno la vita eterna.

Così chi ha seminato il campo e quelli che mietono la messe si rallegreranno insieme. Il proverbio dice: "Uno è colui che semina e un altro è colui che miete". Ti mando a mietere ciò che non hai avuto difficoltà a seminare. Altri, come la samaritana, hanno invitato tutte queste persone a venire e voi trarrete beneficio dal loro lavoro.

Eccitato, Giuda Iscariota chiese:

—Che premio riceveremo? Sarà in oro?

—Sei un uomo meschino e avido che antepone il tuo profitto alla sofferenza umana! —Tommaso lo accusò.

—Sei ossessionato dal profitto e dal denaro, vergognati per noi che abbiamo lo stesso nome! —Giuda Taddeo si lamentò.

—L'importante è prendersi cura dei dimenticati, delle vedove e dei malati, non trarre beneficio dalle loro sofferenze —obiettò Giovanni con rabbia.

Il Maestro chiese silenzio:

—*È possibile che il più giovane di voi abbia ricevuto il messaggio? La misericordia, infatti, è un mezzo di grande guadagno quando è accompagnata dalla contentezza. Non abbiamo portato nulla nel mondo e non possiamo prendere nulla da esso. Accontentiamoci, dunque, di non mancare di cibo e di vestiario, perché coloro che si sforzano di arricchirsi sono invischiati in insidie e tentazioni, e in un numero infinito di desideri stolti e dannosi che li immergono nella perdizione e nella rovina.*

L'avidità, infatti, è la radice di tutti i mali e, travolti da essa, alcuni hanno perso la fede e sono ormai preda di molteplici rimorsi.

Quando gli abitanti della città andarono dal Maestro, ascoltarono attentamente il suo insegnamento e, per la gloria del Padre, alcuni furono liberati dalle loro malattie.

Il capo del gruppo di samaritani pregò il Rabbino di rimanere con loro, poiché in città c'erano molti malati. Dopo aver udito l'invito, Matteo osservò tranquillamente:

—Maestro, sono un popolo impuro, se accetti l'invito saremo tutti contaminati.

—Inoltre, non ti accetteranno mai come il figlio di Dio che è venuto a liberarci, poiché credono nel ritorno di Mosè come Messia —insistette Giacomo, fratello di Giovanni.

—Ho sentito dire che mangiano carne di maiale, e non solo, ma che mescolano carne e latte nei loro stufati —disse Giovanni, disgustato.

—*Matteo, tu ti sei già unito a Giacomo, figlio di Zebedeo, e a suo fratello Giovanni, e io li ho chiamati figli del tuono perché sono ribelli. Dovrò trovarti un nome adatto. Nel frattempo, ascoltate tutti: ciò che entra nel corpo non è ciò che inquina voi; sei inquinato da ciò che esce dal tuo cuore. Non si rendono conto che il cibo che immettono nel loro corpo non può contaminarli? Il cibo non entra nel cuore, passa solo attraverso lo stomaco e poi finisce nella cloaca.*

—Questa è una buona notizia, mi piace l'arrosto di maiale! —Simone rispose eccitato.

—Ah, non c'è da stupirsi che ti abbia visto sbalordito —tendendo le mani in un gesto beffardo, Giacomo sogghignò.

Guardammo tutti la faccia di Simone e scoppiammo a ridere beffardamente. Dicendo che non c'era cibo impuro, il Maestro dichiarò che tutti i tipi di cibo sono accettabili agli occhi di Dio. E poi ha aggiunto:

—*È quello che esce da loro che li contamina. Perché dal di dentro, dal cuore della persona, vengono i cattivi pensieri, l'immoralità sessuale, il furto, l'omicidio, l'adulterio, l'avidità, la perversità, l'inganno, i desideri sensuali, l'invidia, la calunnia, l'orgoglio e la stoltezza. Tutta quella viltà viene da dentro; sono quelli che li inquinano.*

—Vedete, gente ignorante, lo sapevo già —disse Simone in tono alto.

Il Maestro sorrise...

Siamo rimasti lì per due giorni e molte persone hanno creduto e sono state guarite. Mentre uscivamo dalla città, udii la Samaritana al pozzo di Giacobbe dire: "Ora noi crediamo, non per quello che ci hai detto, ma perché noi stessi l'abbiamo udito; e sappiamo che Egli è davvero il Salvatore del mondo".

Siamo rimasti tutti stupiti dall'ospitalità dei Samaritani. Nelle città che abbiamo visitato, alcuni non hanno trattato bene il Maestro quando ha parlato con loro, tanto meno pensano che lo abbiano invitato a restare. I farisei lo odiavano e i giudei non lo accettavano come Messia. Vedendo il nostro stupore, il Maestro ci disse:

—*Nessun profeta è ben accetto dal suo popolo.*

Seguendo gli insegnamenti del Maestro, abbiamo rispettato le tradizioni dei nostri padri, ma nel nostro cuore abbiamo detto addio all'inverno e abbiamo ricevuto lo splendore della rinascita; abbiamo ricordato l'uscita dalla schiavitù del peccato e abbiamo celebrato l'ingresso nella primavera, nella nuova vita eterna.

Quando venne la sera, alla vigilia del sabato, bussammo alle mura di Gerusalemme e il Rabbino andò alla porta chiamata Porta delle Pecore. A destra, poco prima del cancello, c'è uno stagno puzzolente chiamato Bethesda in ebraico. Il laghetto è sorvegliato da cinque colonne calcaree. Quattro di loro stanno ad ogni angolo e un altro, presuntuoso, si erge al centro della cisterna come se accarezzasse il cielo.

Molti ciechi, zoppi e storpi, una massa di malati, senza forze né attività, condividevano la diga con i pastori e le loro pecore. Le greggi provenivano da

Betlemme di Efrata, il villaggio dove nacque il Salvatore. Era anche il luogo scelto dai leviti per allevare i montoni e gli agnelli destinati al sacrificio nel tempio di Gerusalemme.

Sentendo il belato delle pecore riecheggiare nelle grida dei malati, il Maestro ci disse di nuovo:

—*In verità, in verità vi dico: io sono la porta delle pecore. Io sono il buon pastore; il buon pastore dà la vita per le pecore..."*

A differenza della Piscina di Siloe, che è collegata al Tempio di Gerusalemme, la Diga di Betesda è un sito pagano; un centro di guarigione del dio greco Asclepio, chiamato anche Esculapio dai Romani. I poteri di questo falso dio si erano diffusi in tutti i domini dell'Impero Romano. Il principe di questo mondo, il diavolo, usando la segregazione contro i malati, che erano esclusi dal tempio, si servì di

Esculapio come risuscitatore dei morti e guaritore di tutti i mali.

Poi, dimenticando le Scritture, gli ebrei trasformarono la piscina di Betesda in un santuario di miracoli per i malati e gli emarginati che, nel loro scoraggiamento, si allontanarono dal Dio d'Israele e confidarono nella grazia risanatrice di Esculapio, un dio che appariva benevolo verso i dimenticati e gli emarginati.

Tra tutti quei disgraziati ce n'era uno per il quale Gesù fu portato alla misericordia. Distaccato e pensieroso, un uomo soffriva in silenzio in attesa di una guarigione che non è mai arrivata. Lo storpio, percependo la presenza del Maestro, girò il viso e come un raggio di sole nel cuore della notte, il suo sguardo unì il suo splendore in uno splendore solare... In quel momento un calore lancinante attraversò il corpo martoriato dello storpio, che implorò a gran voce:

—Mio signore, eccomi prostrato! Prostrati in mezzo a tutto questo tutto ciò che si riassume nel nulla. Sono triste. Il mondo mi sembra un deserto. Sono nelle tenebre, turbato e pieno di paura. Io grido al Dio d'Israele ed egli non risponde! Dove sei, Signore, dove? Perché non sento la pace della tua presenza, del tuo amore... Oh! Ora che ti sto cercando e non riesco a trovarti, come posso dimenticare la volta in cui mi hai chiamato e sono scappato! Il dolore mi offusca il cuore, gli uomini mi abbandonano, la stanchezza mi insegue e la disperazione affonda il suo artiglio nella mia anima. Grido a te, e il mio dolore aumenta, ma non mi stancherò, né lo scoraggiamento cambierà l'affetto che mi spinge.

Signore, grido a te, perché tu sei la mia unica speranza; Tu sei tutto ciò che ho in questa vita! Ascolta la mia chiamata, perché sono disperato. Liberami da questa malattia, perché in forza mi supera! Liberami dall'angoscia che mi opprime e dalla vergogna di mendicare in questo luogo! Guariscimi, o mio Dio, e allora potrò pronunciare il tuo nome ai miei fratelli, in mezzo all'assemblea ti loderò!

Mentre il paralitico parlava, il Rabbino pregava in silenzio. Quando lo vide e non seppe che cosa stesse facendo il Maestro, si rivolse a lui con voce febbrile:

—Non giudicate, mio Signore, la mia triste figura, perché le signorie sono perdute, ma non i ricordi. Ah, come posso dimenticare che al di là della mia malattia che mi oscura l'anima e mi nasconde alla luce argentea della luna, le luci splendenti nel cielo arrivano ad illuminare l'infinito!

Vedendolo indifeso e abbandonato dal mondo, e sapendo da quanto tempo era così, Gesù gli chiese:

—*Vuoi tornare in salute?*

Lo sventurato, dopo un lungo sospiro, rispose:

—Signore, non ho nessuno che mi metta nello stagno quando l'acqua è agitata. Ogni volta che ci provo, qualcun altro lo fa per primo.

L'uomo, con il capo chino e senza alcuna speranza di essere guarito, ricevette un raggio di luce. Dopo aver ascoltato le parole del Maestro, il desiderio di raggiungere le acque agitate gli tremò per la prima volta nel cuore.

La misericordia che il miserabile cercava nell'acqua era lontana da Dio. Mentre Gesù e lo storpio parlavano, mi resi conto che i malati dipendevano dal movimento attribuito a un angelo invisibile, che sprigionava un potere di guarigione, e credevano che il primo malato che entrava nella piscina sarebbe guarito. Tuttavia, ho potuto vedere che il gorgo è apparso quando il sacerdote di Esculapio ha aperto le paratoie della sorgente e questo ha fatto sì che l'acqua stagnante scorresse e si mescolasse.

Il presunto angelo che scendeva di tanto in tanto a smuovere le acque dello stagno era abbastanza crudele, perché faceva aspettare i malati a tempo indeterminato, in modo che, quando fosse venuto il momento, li costringesse a combattere per salvare la loro condizione.

Gesù si voltò verso l'uomo e, stendendo la mano, disse:

—*Alzati, prendi il tuo tappetino e cammina.*

Tuttavia, il paralitico doveva fare qualcosa per essere guarito, doveva fidarsi delle parole di uno sconosciuto. In una sola frase il Signore della vita gli ordinò tre cose che erano del tutto impossibili per uno storpio: alzarsi, prendere il suo letto e andarsene da quel luogo.

L'uomo percepì tale autorità e potere nelle parole di Gesù che si fidò e obbedì a ciò che il Signore gli aveva comandato. E davanti ai miei occhi, l'impossibile è accaduto! In quel momento lo storpio riacquistò la salute, prese la sua stuoia e cominciò a camminare. Le catene furono spezzate e fu liberato dalle grinfie di una malattia umanamente incurabile.

Colui che era stato storpio e respinto, camminava gioiosamente per le strade giù per la collina portando la sua cuccetta. Grato per la grazia ricevuta, cantò con gioia un salmo ispirato dal re Davide:

—Ho riposto la mia speranza nel Signore, ed Egli si è chinato su di me e ha ascoltato il mio lamento. Mi ha tirato fuori dalla fossa desolata, dal fango fangoso; mi sollevò su una roccia, stabilizzando i miei passi. Mi mise in bocca un canto nuovo, una lode al nostro Dio; tutti quelli che lo vedono, lo venerano e confidano nel Signore. Beato colui che ha riposto la sua fiducia nel Signore e non segue gli idolatri persi nella menzogna. Tu, Signore e mio Dio, hai moltiplicato i tuoi prodigi e i tuoi progetti per noi. Non c'è nessuno come te! Li proclamerei, li proclamerei, ma ce ne sono troppi per poterli contare. Non vuoi sacrifici o offerte; tu, che mi hai aperto l'orecchio, non desidi né vittime né olocausti...

In quel momento un'ombra religiosa offuscò la sua felicità, perché i guardiani dell'ortodossia ebraica lo fermarono e gli ricordarono che portare un peso di sabato significava infrangere la Legge. L'uomo si difese dicendo che obbediva a colui che lo aveva guarito.

Non ci volle molto perché apparissero i farisei. Non aveva alcuna importanza guarire il povero, perché essi sostenevano che, secondo la loro interpretazione della Legge, il sabato era stato violato.

Gli chiesero:

—Chi è che ti ha guarito?

L'uomo non sapeva chi lo avesse guarito, perché il Rabbino era scomparso tra le tante persone che erano lì. Pochi giorni dopo, il Maestro lo trovò nel tempio e gli disse:

—Ecco, io sono venuto perché tu abbia la vita, e perché tu l'abbia in abbondanza. Ora che sei sano, non peccare di nuovo in modo che non ti accada qualcosa di peggio.

L'incontro con il Maestro scosse la coscienza di quell'uomo e scosse la mia fede. Avevo assistito alla guarigione di una terribile malattia che aveva fatto prostrare quest'uomo, ma ora la verità gli era stata rivelata e confermava le mie parole: Gesù era il Messia tanto atteso! Improvvisamente, colui che era stato guarito si innamorò e dichiarò al Maestro:

—Io sono prostrato davanti a te, mi umilio davanti al mio Signore, e mi pento della mia via malvagia e delle mie cattive azioni, affinché l'iniquità non sia la mia rovina, la mia distruzione.

Il Maestro rispose:

—*Va' in pace, la tua fede ti ha salvato...*

Poi andò ad annunciare ai membri del Sinedrio che Gesù era il figlio del Dio vivente e che lo aveva guarito anima e corpo. I farisei, udite queste parole, si infuriarono e andarono a chiedere a Gesù, ma egli disse loro:

—*Anche se è sabato, l'amore, la misericordia e la compassione di Dio sono all'opera; E anch'io. Mio Padre ha sempre lavorato e lavoro anch'io.*

I farisei tuonarono di rabbia, tirandosi la barba e strappandosi le vesti quando udirono il Maestro affermare che l'Altissimo era il loro Padre. Per questo volevano ucciderlo, perché non solo non osservava il comando di sabato, ma si rendeva anche uguale a Dio. Il Maestro, vedendo i farisei così angosciati, sorrise con semplice serenità e proseguì dicendo:

―Vi assicuro che io, il Figlio dell'Altissimo, non posso fare nulla da solo. Faccio solo quello che vedo fare ad Adonai, mio Padre. Mi ama e mi mostra tutto ciò che devo fare. Ed egli mi mostrerà cose ancora più grandi, che stupiranno voi farisei increduli. Poiché, come il Padre mio rianima i morti, così io do la vita a chi voglio. Mio Padre mi ha dato questo potere, affinché tutti possano onorarmi come onorano Lui.

Quando uno non mi onora, non onora neppure il Padre mio, che mi ha mandato. In verità io vi dico: chiunque ascolta ciò che dico e crede nel Signore che mi ha mandato, avrà la vita eterna. Anche se ha già vissuto nel peccato, non sarà più condannato. Perché mio Padre ha il potere di dare la vita, e Lui ha dato a me quel potere. Egli mi ha anche dato l'autorità di giudicare, perché io sono il Figlio dell'uomo.

Non siate sorpresi di ciò che vi dico, perché verrà il tempo in cui i morti udranno la mia voce e usciranno dai loro sepolcri. Allora quelli che hanno fatto il bene vivranno di nuovo, e saranno con Dio per sempre; ma coloro che hanno fatto il male vivranno di nuovo per essere puniti.

Se parlassi bene di me stesso, direste che sto mentendo. Ma conosco qualcuno che dirà chi sono e che confermerà che sto dicendo la verità. Quando hai mandato dei messaggeri a Giovanni, egli ha detto loro la verità. Gli insegnamenti di Giovanni erano come una lampada accesa nelle tenebre, e per un po' di tempo eravate felici di ascoltarli.

Studiate la Torah con molta attenzione perché credete che questo sia il modo in cui otterrete la vita eterna. Tuttavia, anche se le Scritture parlano di me, voi non volete credere in me per la salvezza. Ti sei fidato di ciò che Mosè ha scritto, e sarà Mosè ad accusarti, ha scritto di me.

Ma se non credono a ciò che ha scritto, come possono credere a ciò che dico loro?

Lo stridore di denti dei dottori della legge mi fece venire i brividi lungo la schiena. Vedere il Maestro affrontare Satana e i farisei increduli mi scosse e segnò la mia vita per sempre. Il Rabbino entrò nella piscina di Esculapio e ci insegnò ancora una volta che il Dio d'Israele è l'unico che guarisce veramente. Il Maestro liberò l'ebreo dalla malattia, senza alcuna formula magica o incantesimo. Egli guarì l'uomo nello stesso modo in cui il Dio di Israele una volta creò il mondo... semplicemente con la potenza della Sua Parola:

—*Io vi dico: chiunque mi riconoscerà davanti agli uomini, anche il Figlio dell'uomo lo riconoscerà davanti agli angeli di Dio; ma chi mi rinnegherà davanti agli uomini, sarà rinnegato davanti agli angeli di Dio.*

Con mio grande stupore, Gesù spezzò, distrusse e svergognò la stregoneria, con un segno potente della sua potenza, confermando così di essere il Messia annunciato dal profeta Isaia: il Figlio del Dio vivente...

*   *   *

Quando Gesù seppe della morte di suo cugino Giovanni Battista, si recò in un luogo tranquillo e appartato sulla riva del Mar di Galilea chiamato Tiberiade. Mi sentivo a disagio, perché questo villaggio era stato fondato su un antico cimitero e non riuscivo ancora a superare l'esperienza degli indemoniati di Gadarene.

Una grande folla lo seguiva perché vedeva i segni che faceva sui malati, lo seguiva con il desiderio di ascoltare la sua parola e di assistere a un miracolo. Gesù, nella sua predicazione, parlò loro del regno dei cieli e l'insegnamento fu così piacevole che le ore passarono senza che la gente se ne accorgesse. Tale era la devozione al ministero che il Maestro ebbe a malapena il tempo di mangiare.

Un pomeriggio salì su una collina per pregare e riposare un po', e noi lo accompagnammo. Si avvicinava la Pasqua, la festa più importante che celebriamo ricordando la liberazione del popolo santo dall'Egitto, e mentre riposava, facevamo piani per celebrarla insieme.

Quando Gesù alzò gli occhi, vide nella valle una grande folla che era venuta a cercare conforto. Mentre il giorno cominciava a tramontare, Tommaso disse al Rabbino: "Manda via la gente a cercare alloggio e cibo nei villaggi circostanti, perché qui siamo lontani da tutto".

Allora il Maestro si alzò e disse:

—*Filippo, questo pezzo di pane che mi hai dato è molto gustoso. Nutriteli voi stessi.*

Gesù sapeva che era impossibile farlo, ma voleva metterci alla prova sapendo in anticipo che non avevamo soldi. Filippo rispose con rabbia:

—Duecento denari non basteranno a ciascuno per ricevere un pezzo di pane.

Questa era una risposta logica, perché se non avessimo avuto i soldi, come avremmo potuto sfamare così tante persone? Tuttavia, Andrea, il fratello di Simon, anche lui presente, è intervenuto e ha sottolineato con entusiasmo:

—C'è un ragazzo tra la folla che ci offre tutto quello che ha da mangiare: cinque pani e due pesci.

Ma cos'era per così tanti? Una cifra irrisoria! Non era niente! Tuttavia, Andrea diede i pani e i pesci a Gesù. L'offerta di Andrea era totalmente illogica e anche un po' innocente. Tuttavia, aveva fede in Gesù e nel suo cuore sperava in un miracolo. Dopo un breve silenzio, Gesù osservò:

—*Chiedi alle persone di sdraiarsi.*

C'era molta erba in quel posto. Così gli uomini si sdraiarono, erano circa cinquemila, senza contare le donne e i bambini. Sapevamo che non c'era cibo da dare loro, eppure in un atto di obbedienza a Gesù e contro ogni logica umana abbiamo chiesto alla folla di sedersi. Allora Gesù prese i pani e, dopo aver reso grazie, li distribuì a quelli che giacevano. Fece lo stesso con i pesci, dando loro tutto ciò che chiedevano.

Quando tutti furono soddisfatti, il Maestro ci chiese di raccogliere ciò che era rimasto e riempimmo dodici ceste con i pezzi dei cinque pani d'orzo che erano avanzati. Mangiarono, si accontentarono e avanzarono cestini interi!

Molti avevano portato con sé il pane e non volevano darlo agli altri, solo un giovane aveva condiviso il suo cibo. Gesù chiese che si raccogliessero gli avanzi e li diede al ragazzo, dicendo:

—*Chi dà da mangiare agli affamati è ricompensato...*

* * *

Il giorno dopo, gli abitanti di Cafarnao, che avevano assistito al miracolo della moltiplicazione dei pani e dei pesci, seppero che eravamo tornati e che Gesù non era con noi. Poco dopo trovarono il Rabbino che camminava per il villaggio e gli chiesero:

—Maestro, com'è possibile che tu sia qui se non ci fossero barche per attraversare il lago?

Erano stupiti perché non sapevano che il Maestro aveva camminato sulle acque, ed ero stufo di dirglielo; tuttavia, il Maestro ci aveva chiesto di tenere il miracolo nei nostri cuori per non far infuriare ulteriormente i farisei.

—*La pace sia con voi* —li salutò il Maestro—. *Vedo che mi cercano perché hanno mangiato a sazietà e non perché hanno capito i miracoli che ho compiuto. Non preoccuparti tanto del cibo che finisce, ma del cibo che dura e dona la vita eterna. Questo è il cibo che io, il Figlio dell'uomo, vi darò, e Dio mio Padre vi ha già mostrato che ho l'autorità per farlo.*

—Che cosa vuole Dio che facciamo?

—*Tutto ciò che Dio vuole è che tu creda in me, che Io sono colui che Egli ha mandato per liberare il Suo popolo.*

Stupiti, gli chiesero:

—Se tu sei il Messia tanto atteso, quale miracolo farai per farci credere? Provateci! Mosè pregò e fece cadere il pane dal cielo, e i nostri antenati mangiarono la manna nel deserto.

—*In verità vi dico: non è stato Mosè a darvi il vero pane dal cielo, ma Dio mio Padre. Il pane che dà la vita è il pane che Dio ha mandato dal cielo.*

—Rabbì, dacci un po' di quel pane e ti crederemo".

—*Io sono il pane che dà la vita. Chi confida in me non avrà mai più fame; chi crede in me non avrà mai più sete. Come ti ho detto, tu ancora non credi in me, anche se sei stato in grado di vedermi. Non sono scesa dal cielo per fare ciò che voglio, ma per obbedire a Dio. Quando verrà la fine del mondo, riporterò in vita i miei seguaci che sono morti. Perché il Padre mio vuole che tutti quelli che credono in me abbiano la vita eterna.*

Udendo le parole del Maestro, molti dissero: "Dura è questa affermazione; chi può ascoltarla ed essere in pace?" Il Maestro, accortosi che i suoi seguaci mormoravano, li interrogò:

—*Questo vi scandalizza? E se vedessero il Figlio dell'Uomo ascendere dove si trovava prima? È lo Spirito che dà la vita; la carne non serve a nulla; le parole che vi ho detto sono spirito e sono vita. Ma ci sono alcuni di voi che non credono.*

Ciò che infiammava gli spiriti era sentire il Maestro dire che Egli era il pane disceso dal cielo. Hanno sottolineato tra loro:

—Non è costui Gesù, il figlio di Giuseppe il falegname? Conosciamo i suoi genitori! Come osa dire di essere disceso dal cielo?

Allora il Maestro li represse e disse loro:

—Smettetela di mormorare. I vostri antenati mangiarono la manna nel deserto, ma morirono tutti. Chi crede in me è come mangiare il pane del cielo e non sarà mai separato da Dio. Sono disceso dal cielo e posso far avere a tutti la vita eterna. Morirò per dare quella vita a chi crede in me. Per questo vi dico che il mio corpo è quel pane che dà la vita; chi lo mangerà avrà la vita eterna.

Sentendo questo, molti di coloro che seguirono il Maestro dissero:

—Questo insegnamento è molto difficile da accettare. Come può darci il suo corpo da mangiare?

—Quando verrà la fine del mondo, li risusciterò. Il mio corpo è il vero cibo e il mio sangue è la vera bevanda. Chi mangia il mio corpo e beve il mio sangue vive in unione con me, e io vivo in unione con lui.

—Non gli resta che dirci che è *kashér food* —si sentiva tra la folla.

Ma il Rabbino rispose:

—*Questo vi offende? Che cosa accadrebbe se mi vedeste ascendere al cielo? Le parole che vi ho detto provengono dallo Spirito che dà la vita.*

A quel tempo molti di coloro che seguivano il Rabbino lo lasciarono. Quando il Maestro vide l'espressione sospettosa sui nostri volti, chiese:

—*Volete andarvene anche voi?*

Simone Pietro rispose:

—E se ce ne andiamo, chi seguiremmo? Signore, solo le tue parole danno la vita eterna. Abbiamo creduto in te e sappiamo che sei il Figlio di Dio.

—*Voi dodici li ho scelti; tuttavia, uno di voi è un demone.*

Indicando Cefa, Giovanni insinuò:

—Sembra che stiano parlando con te—. Ridemmo tutti della faccia stupita di Pietro.

—Com'è possibile che mio fratello pensi che io sia un demone? Confesso che ho il mio carattere, ma non negherei mai di essere un seguace del Nazareno.

Poi, rivolgendosi al Maestro, confessò:

—Maestro, so di essere un peccatore, ma ti sarò fedele fino alla morte.

… *Per paura mi rinnegherà tre volte...*

—Smettila di ridere, ti assicuro che darei la mia vita per difendere gli insegnamenti del Maestro.

… *Sarò al suo fianco quando sarà appeso a testa in giù sul palo...*

* * *

Abbiamo viaggiato attraverso la regione della Galilea ed abbiamo evitato di andare in Giudea perché sapevamo che i farisei cercavano il Maestro per ucciderlo. Mentre si avvicinavano i giorni della

Festa dei Tabernacoli, i fratelli del Rabbino lo invitarono ad andare a celebrare in Giudea. Ma il Maestro rifiutò, dicendo: "Andate alla festa, sarà piena di farisei, e mi odiano perché rendo testimonianza al Padre mio".

Non vedevo l'ora di andare alla festa dei pergolati. Si celebrava dopo l'ultimo raccolto dell'anno ed era la più gioiosa di tutte le feste ebraiche. È stata un'intera settimana di gioia traboccante. Le fanciulle vestite con vesti bianche di lino fine danzavano in processione battendo rami di palma, e gli uomini cantavano e brandivano torce accese. Accompagnato da le lire, i cembali e le arpe cantavano ad alta voce: "Ti supplichiamo, o Signore, salvaci ora; ti supplichiamo, o Signore, aspettaci ora e donaci la tua vittoria".

La gente usciva sui monti a raccogliere rami e foglie di palma per costruire le loro capanne, separando le foglie più fresche e belle per portarle in processione al tempio. Quando entrò attraverso la Porta dell'Acqua, si udì il suono di tre trombe. Quando arrivarono davanti al tempio, circondarono l'altare degli olocausti e il sacerdote salì al tabernacolo per versare acqua mista a vino sul terreno per garantire le piogge dell'anno. Il rituale si ripeteva ogni giorno, e il settimo giorno, ricordando la conquista di Gerico, girarono sette volte intorno all'altare.

Ogni sera della festa, quattro enormi candelabri venivano accesi nel cortile delle donne. Gli stoppini, fatti con le vecchie vesti sacerdotali, furono immersi nell'olio e quattro giovani leviti salirono la scala per accenderli. L'illuminazione era così forte che la luce si rifletteva in tutta la città. Accompagnati da un'orchestra levita di flauti, arpe e cembali, cantarono e ballarono fino all'alba, per sette giorni di fila. Tutto era gioia, gli scherzi andavano e venivano, la fratellanza regnava in Israele.

Con mia sorpresa, il terzo giorno di celebrazioni, il Maestro decise di andare al tempio per insegnare. All'udire ciò, i Giudei si meravigliarono e dissero: "Come può lui avere questa conoscenza delle lettere senza aver studiato?". Il Rabbino rispose:

—*L'insegnamento che vi presento non è mio, ma di colui che mi ha mandato. Chi parla di sé cerca la propria gloria; ma chi cerca la gloria di colui che l'ha mandato, egli è veritiero, e non c'è ingiustizia in lui. Mosè non vi ha dato la legge, eppure nessuno di voi l'ha osservata? Perché vogliono uccidermi?*

La folla rispose:

—Tu hai un demone!

—*Sei arrabbiato con me perché ho guarito completamente un uomo di sabato?*

Non sapendo come rispondergli, alcuni mormorarono: "Non è questo quello che stanno cercando di uccidere? E guardate, lui parla in pubblico e loro non gli dicono niente. È possibile che i farisei riconoscano davvero che questo è il Messia?" Altri credettero in lui e dissero: "Quando il Messia verrà, farà più segni di quanti ne abbia fatti?"

I capi sacerdoti e i farisei udirono la folla mormorare queste cose riguardo al Maestro, e mandarono delle guardie ad arrestarlo. Quando Simone si rese conto delle intenzioni dei farisei, si fece strada per far uscire il Rabbino dal tempio, e noi ci nascondemmo tra la folla. Allora il Maestro ci disse:

—*Starò con te ancora per un po'; poi vado da colui che mi ha mandato. Mi cercheranno e non mi troveranno, e dove sono io, voi non potrete andare.*

Giacomo mi ha chiesto: "Dove intendi andare se non lo troviamo? Potrebbe essere che voglia andare alla dispersione e insegnare ai greci? Che cosa significa: 'Mi cercherai e non mi troverai, e dove sono io non potrai andare?" Non sapevo cosa dire.

L'ultimo giorno della festa, mentre un'oscurità rossastra si diffondeva tra le palme e una luce fioca illuminava il tempio, il Maestro si alzò ed esclamò ad alta voce:

—*Se qualcuno ha sete, venga a me e beva. Chi crede in me, come ha detto la Scrittura, fiumi d'acqua viva sgorgheranno dal profondo del suo essere.*

Quando alcuni della folla udirono queste parole, dissero: "Veramente questo è un profeta". Altri dicevano: "Egli è il Messia!" Ma altri si sono rispolverati in segno di protesta e hanno detto: "Come può il Messia venire dalla Galilea? La Scrittura non dice forse che egli verrà dalla stirpe di Davide e nascerà a Betlemme, la città dove crescono gli agnelli sacrificali?"

Il popolo era diviso e l'atmosfera si era rarefatta, così Simone il Cananeo ci ordinò: "Circondate il Maestro". Alcuni volevano arrestarlo, ma nessuno osava mettergli le mani addosso.

Quando le guardie del tempio tornarono dai farisei e dai capi sacerdoti, chiesero loro:

—E' possibile sapere perché non hanno portato quell'impostore in prigione?

—Nessuno ha mai parlato come quest'uomo! — dichiararono le guardie.

—Quindi siete stati ingannati anche voi? —i farisei risposero—. Qualcuno dei nostri sacerdoti o dei farisei ha creduto in lui? Coloro che credono in lui non conoscono la legge di Mosè, e così Dio li punirà.

Nicodemo, che era venuto di notte per vedere il Maestro, disse loro:

—Vi ricordo che, secondo le nostre leggi, non possiamo condannare nessuno senza prima ascoltarlo.

Il più anziano dei farisei lo interrogò:

—Pensi anche tu che qualcosa di buono possa venire dalla Galilea? Studiate la Torah e il Tanach e vedrete che nessun profeta è venuto da lì.

Dopodiché, imprecando e digrignando i denti, ognuno dei farisei tornò a casa. Era tardo pomeriggio, e il viola e lo scarlatto del sole al tramonto si riflettevano all'orizzonte, e il profumo del deserto accompagnava le onde dell'aria calda della sera. Il Maestro decise che avremmo trascorso la notte all'aria aperta, così illuminati dalla luna, ci incamminammo verso la Valle del Cedron, situata a est di Gerusalemme.

Era uno spettacolo vedere le stelle riflesse sullo sfondo leggermente bluastro della luce della luna sul Monte degli Ulivi. Quando arrivammo, ci accampammo al riparo di un robusto ulivo i cui rami accarezzavano timidamente il terreno.

—Cantiamo i salmi —propose Giovanni.

—No, è meglio che ceniamo, ora sto morendo di fame —rispose Giacomo.

—Qualcuno porta qualcosa da mangiare? Il mio intestino sta già grattugiando —aggiunse Giuda Taddeo.

—Ho una mezza torta all'uvetta con i fichi. Maestro, potresti moltiplicarlo per noi? —Andrea ha condiviso con entusiasmo.

—Sì, ti prego, ma prima fammi andare a prendere un po' d'acqua così possiamo abbinarla al vino! —Giuda Taddeo fece la proposta con un volto sorridente.

Il Maestro sorrise a un ricordo...

—*Fino a quando dovrò sopportare la loro stoltezza?*

—Rabbino, se lo fai per gli altri, perché non dovresti farlo per noi?" Pietro rispose stupito.

—*I segni che faccio sono per glorificare il Padre mio, non per compiacere le sue viscere. Verrà il giorno in cui vi darò autorità sugli spiriti immondi per scacciarli e guarire ogni malattia e infermità. Fino a quel giorno, oggi passeremo la notte in preghiera e digiuno, domani affronteremo il nemico del Padre mio.*

Eravamo tutti in silenzio, tranne la mia pancia, che scricchiolava come una bestia ferita. All'alba tornammo al tempio e tutto il popolo venne dal Maestro ed Egli insegnò loro i misteri del regno di Dio. Gli scribi e i farisei condussero una donna che era stata sorpresa in adulterio, la misero in mezzo e dissero al Rabbino:

—Maestro, questa donna è stata colta in flagrante adulterio. E nella legge, Mosè ci ha comandato di lapidare questo tipo di donne; allora, che ne dite? Hanno detto questo, mettendolo alla prova in modo da avere qualcosa di cui accusarlo.

Il Maestro si chinò e con il dito scrisse per terra: מי אבן עליו לזרוק הראשון להיות צריך חטא לו שאין. Il Rabbino si rifiutò di servire come giudice in un caso per il quale la legge chiariva quale fosse la sentenza, tuttavia, su insistenza dei suoi oppositori, si raddrizzò e spostò grandiosamente l'attenzione della donna sdraiata sul pavimento sugli accusatori, puntando il dito su ciò che aveva scritto:

—*Chi di voi è senza peccato scagli per primo la pietra contro di lui.*

All'udire ciò, si ritirarono uno dopo l'altro, cominciando dal più anziano, e lasciarono solo il Maestro e la donna che era in mezzo. Raddrizzandosi, il Rabbino gli chiese:

—*Donna, dove sono? Nessuno ti ha condannato?*

—Nessuna, Signore,

La donna abbassò lo sguardo. Non ha trovato scuse per il suo peccato, non ha cercato di giustificarsi paragonandosi ad altri peccatori peggiori di lei; sapeva benissimo di essere colpevole. Il Maestro non la imbarazzava più, perché aveva già sofferto abbastanza in mezzo ai suoi accusatori e alle folle presenti. Invece di mortificarla, mostrò la sua misericordia dicendo:

—*Non ti condanno neanche. Va' e non peccare più.*

La donna comprese subito il significato della grazia che libera il colpevole dalla condanna. Ero affascinato nel vedere che per il Maestro anche una donna malvagia poteva essere salvata. Così, con voce rotta, gli chiesi:

—Rabbì, hai abolito la punizione prescritta dalla legge per l'adulterio?

—*La legge dovrebbe essere applicata senza prima essere processata? E chi sono io per giudicarla? Io non la condanno, ma pagherà le conseguenze del suo peccato, e se continuerà a peccare, sarà la sua rovina.*

Un fariseo di nome Saulo udì la risposta del Maestro e chiese:

—Chi sei?

—*Io sono la luce del mondo; chi mi segue non camminerà nelle tenebre, ma avrà la luce della vita.*

Con discrezione, Giacomo d'Alfeo mi palpeggiò dicendo: "Che cosa intendeva il Maestro riguardo alla luce del mondo? Dice di essere stato mandato sulla terra, verrà dal sole?" Gli dissi: "Come puoi essere audace, non ti rendi conto che senza il Maestro viviamo nelle tenebre? Abbiamo una capacità molto limitata di capire chi siamo o per cosa siamo venuti al mondo". Giacomo mi fissò e subito mi disse in tono beffardo: "Mi sembra che tu sia un profeta potente in parole e in azioni". Stavo per rispondere, ma Giuda Iscariota mi interruppe con una falsa risata, dicendo: "Ascoltiamo il Rabipuchi". Allora il più giovane dei farisei, volendo mettersi in mostra con i suoi compagni, obiettò al Rabbino, dicendo in tono presuntuoso: "Tu rendi testimonianza a te stesso; ta tua testimonianza non è vera. Mosè ci ha insegnato che ogni testimonianza deve essere confermata da due o tre testimoni".

Il Maestro, visibilmente stanco, si chinò a dire a bassa voce:

—*Anche se rendo testimonianza di me stesso, la mia testimonianza è vera, poiché so da dove vengo e da dove vado; ma voi non sapete da dove vengo o dove sto andando. Tu giudichi secondo la carne; non giudico nessuno. Ma se giudico, il mio giudizio è vero; perché non sono io solo, ma io e il Padre che mi ho mandato. Anche nella nostra legge è scritto che la testimonianza di due uomini è vera. Io sono colui che testimonia di me stesso, e il Padre che mi ha mandato testimonia di me.*

—Dov'è tuo Padre? Vogliamo incontrarlo —arringò indignato uno scriba della legge.

—*Non conoscono né me né mio Padre. Se conoscessero me, conoscerebbero anche il Padre mio.*

—Chi sei? Perché dovremmo conoscerti? —chiese il più anziano degli scribi.

—*Che cosa vi ho sempre detto? Ho molto da dire e giudicare su di voi. Mio Padre, il Creatore dell'universo, mi ha mandato, Egli è santo e non mente, e io insegno al mondo ciò che ho udito da Lui. Quando mi innalzeranno* – una profezia di essere crocifisso – *sapranno che non faccio nulla da solo, e che il Padre mio è sempre con me, perché faccio sempre ciò che gli piace.*

Mentre parlavano di queste cose, molti credettero in Lui. Poi il Maestro continuò:

—*Se dimorate nella mia parola, siete veramente miei discepoli; e conoscerete la verità, e la verità vi renderà liberi. In verità, in verità vi dico: chiunque commette il peccato è schiavo del peccato. So che siete discendenti di*

Abramo, eppure cercate di uccidermi perché la mia parola non ha posto in voi. Parlo di ciò che ho visto presso il Padre mio; voi, dunque, fate le opere di Abramo. Abramo non ha mai fatto una cosa del genere! Ma voi fate esattamente quello che fa vostro padre.

Indignati, gli arroganti farisei risposero:

—Non accusateci di avere un altro padre! Il nostro unico Padre è Dio.

Il Maestro fece un gesto gentile con le mani, che prima erano state unite insieme e ora erano separate e aperte, mentre alzava la testa:

—*Se Dio fosse vostro Padre, mi amereste perché io sono venuto da Dio e sono venuto da Lui. Perché non capite quello che sto dicendo? Perché non potete ascoltare la mia parola. Forse siete figli del diavolo e volete esaudire i desideri del padre. Era un assassino fin dall'inizio e non si è schierato nella verità perché non c'è verità in lui.*

Quando parla di menzogna, parla della sua stessa natura, perché è un bugiardo e il padre della menzogna. Ma siccome dico la verità, non mi credete. Chi di voi mi dimostra che ho peccato? E se dico la verità, perché non mi credete? Chi è da Dio ascolta le parole di Dio; ecco perché non ascoltate, perché non siete di Dio.

Con l'occhio inquieto e molta malvagità nel cuore, chiese con un certo sospetto un fariseo di nome Uria:

—Non diciamo giustamente che sei uno straniero indesiderabile e che hai un demone?

Sentendo l'insulto, Simone estrasse il pugnale, ma il Maestro lo prese per un braccio e disse: "*Calmati, lascia che sputino quello che hanno dentro!*" Poi aprì le braccia in un gesto di compassione e disse: "*Io non ho demoni, ma onoro il Padre mio; ma voi parlate male di me. In verità vi dico: chi ubbidisce al mio insegnamento vivrà in eterno*".

Uria sollevò le sopracciglia con disprezzo e sputò irritato:

—Ora sappiamo che hai un demone! Il patriarca Abramo è morto e così i profeti, e tu dici: "Se uno ubbidisce al mio insegnamento, vivrà in eterno". Sei tu più grande di Abramo, che morì? Anche i profeti morirono. In cosa credete?

I farisei mi facevano rizzare i capelli, non potevo sopportare di sentirli parlare contro il Maestro. Si pavoneggiavano con le loro facce da vipera, volendo apparire di purezza religiosa. Il Rabbino li ascoltò attentamente, si sedette tenendosi la testa tra le mani, pensieroso, assorto. Dopo essere stato così per un po' che mi sembrava eterno, rispose:

—*Se glorifico me stesso, la mia gloria non è nulla; è il Padre mio che mi glorifica, del quale voi dite: "Egli è il nostro Dio". E voi non l'avete conosciuto, ma io lo conosco; e se dico che non lo conosco, sarò un bugiardo come te. Abramo, il vostro antenato, era felicissimo di vedere il tempo in cui sarei venuto al mondo, e questo gli diede una grande gioia.*

Uria alzò la testa e gridò indignato:

—Bestemmiatore, non hai ancora cinquant'anni, e dici di aver visto Abramo, sei un falso!

Il Maestro sospirò e sorrise, gli si avvicinò, gli mise una mano sulla spalla e disse:

—*Ti assicuro che, molto prima che Abramo nascesse, io esistevo.*

Uriah impallidì quando sentì il peso della mano del Maestro, era come se un fulmine lo avesse colpito...

I farisei irremovibili raccolsero delle pietre per lanciargli addosso, ma il Rabbino si mimetizzò tra la folla e uscì dal tempio. Quando fu fuori pericolo e fuori dal tempio, parlò di nuovo alle persone che lo seguivano:

—*Io sono la porta delle pecore. Tutti quelli che sono venuti prima di me sono ladri, e le pecore non hanno prestato loro attenzione. Io sono la porta dell'ovile; se uno entra per mezzo di me, sarà salvato; sarà libero e troverà pascolo. Il ladro viene solo per rubare, uccidere e distruggere; io sono venuto perché abbiano la vita e l'abbiano in abbondanza. Io sono il buon pastore; il Buon Pastore dà la vita per le pecore. Io conosco le mie pecore ed esse conoscono me, come il Padre conosce me e io conosco il Padre e io do la mia vita per le pecore. Nessuno mi toglie la vita, ma io ci rinuncio perché lo voglio. Ho il potere di dare la mia vita, e ho il potere di riceverla di nuovo, perché questo è ciò che mio Padre mi ha comandato di fare.*

Non capii le parole del Rabbino, così chiesi a Levi Matteo: "Perché il Maestro parla di dare la sua vita? A chi lo darai?" "Penso che sia una profezia", sussurrò a disagio. Mentre discutevamo del messaggio, queste parole suscitarono di nuovo una divisione tra gli ebrei. Alcuni farisei si toccavano la fronte scuotendo la testa come per dire: "È pazzo!". Molti dicevano: "Quell'uomo ha un demone ed è arrabbiato. Perché lo ascoltano?" Ma altri dicevano: "Nessuno che abbia un demone può parlare così. Inoltre, nessun demone può fare i miracoli che fa lui".

* * *

Mentre i farisei e gli scribi discutevano, noi tornammo tranquillamente al Monte degli Ulivi. Faceva già freddo, perché era inverno, e in quei giorni si celebrava a Gerusalemme la festa di

Hanukkah. Commemorava il miracolo in cui il candelabro del tempio poteva essere acceso per otto giorni consecutivi con una piccola quantità di olio d'oliva, che era sufficiente per uno solo.

Mio nonno ci portava a Gerusalemme per goderci la festa e ringraziare Dio per la vittoria della luce sulle tenebre. Assaporando i miei ricordi, chiesi al Maestro: "Rabbì, andiamo a Gerusalemme per celebrare Hanukkah?" Senza dargli il tempo di rispondere, Giovanni si fece avanti: "Sì, ti prego, *Rabboni*, sto già assaggiando *latkes*[5] e *sufganiot*[6]".

—Ah, come ti piace il cibo oleoso", lo rimproverò il fratello Santiago.

—Hai intenzione di rimproverarmi per aver seguito la tradizione dei nostri padri? —Giovanni lo sfidò.

---

[5] Medaglioni di patate fritte.
[6] Pane dolce ebraico ripieno di marmellata.

Giacomo rimase in silenzio e alzò le spalle in segno di accettazione dell'innegabile. I nostri genitori ci avevano insegnato che, per ricordare il miracolo, le candele vengono accese per otto notti consecutive in una menorah, con spazio per nove candele. Al crepuscolo, viene accesa la candela centrale chiamata *shamash*[7] e ogni notte successiva ne viene accesa un'altra.

Durante l'accensione si recitano benedizioni e si mangiano cibi ricchi di olio d'oliva. Non ci volle molto perché Simone, l'uomo responsabile della sicurezza del Maestro, obiettasse, affermando: "È molto pericoloso andare a Gerusalemme, gli scribi e i farisei cercano il Maestro per ucciderlo! Celebriamo qui le feste".

---

[7] Candelabro.

—E chi farà i *latkes* e i *sufganiot*? Non c'è modo che sia Giuda, non si lava le mani quando va in bagno —chiese Giovanni ansioso.

Quando Giuda Iscariota udì questo, si infuriò e rispose:

—Stai zitto, moccioso! Io sono l'unico della Giudea, e conosco le leggi cerimoniali meglio di voi, che non siete altro che puzzolenti pescatori di Galilea.

—Quindi siamo solo pescatori, vedrai come ti impalerò come saraghi —mormorò Pietro visibilmente infastidito.

—Anche tu?... Mi sembri pazzo. Tu metti la faccia di un lupo, e devi essere un coniglio che scappa quando sente una semplice volpe dietro di sé —rispose Giuda Iscariota.

—Che cosa vuoi dire? Che cosa stai insinuando? —chiese Pietro con un'aggressività che aumentava alla vista dei suoi occhi particolari. Erano rotondi, enormi e prepotenti. Brillavano e tremolavano sotto le sopracciglia arruffate che quasi si raccoglievano su un naso sporgente che gli dava una certa somiglianza con un aquilotto.

Ci alzammo tutti in piedi, stavamo per linciare Giuda, ma il Maestro intervenne, dicendo:

—*Calmati, calmati! Cosa c'è che non va in loro?* — domandò il Maestro con voce sommessa. — *Adiratevi, ma non peccate; riconciliatevi prima che il sole tramonti e non cedete al diavolo. L'uomo di poca fede e l'ozioso dicono: C'è un leone fuori; sarò ucciso per le strade. Non temete, la mia ora non è venuta, non ci accadrà nulla di male perché gli angeli del Padre mio sono con noi. Non preoccupatevi di nulla, possiamo andare in pace a festeggiare le feste e gustare gli gnocchi e le frittelle.*

Lasciai andare con discrezione la pietra che avevo preso. Giovanni saltava su e giù e abbracciava il Maestro con entusiasmo, mentre Giuda e Pietro si scambiavano sguardi velenosi. Poiché era già il secondo giorno di Hanukkah, Tommaso improvvisò un candelabro con rami d'ulivo, poi prese un ceppo dal fuoco e accese il ramo centrale che si ergeva orgogliosamente come uno *shamash*. "Siamo pronti per iniziare Hanukkah. Rabbì, ti ricordi la preghiera dei nostri padri?" chiese Filippo con uno sguardo innocente. Il Maestro rispose umilmente: *"Mmm..., vediamo se mi ricordo, intanto, di accendere la candela di ieri e la candela di oggi nella nostra bella menorah"*:

—*Benedetto sei tu, Hashem, nostro Dio, Re dell'universo, che ci hai santificati con i tuoi precetti e ci hai comandato di accendere la candela di Hanukkah. Benedetto sei tu, Hashem, nostro Dio, Re dell'universo, che hai compiuto miracoli per i nostri antenati in quei giorni in questo tempo. Benedetto sei tu, Hashem, nostro Dio, Re dell'universo, che ci hai tenuti in vita, ci sostieni e ci hai permesso di raggiungere questa occasione.*

Alla fine della preghiera, ci siamo divertiti a guardare il movimento della luce delle candele mentre cantavamo e mangiavamo i panini. Il giorno dopo, quando sorsero i primi raggi del sole, salimmo a Gerusalemme. Mentre il Maestro camminava e pregava attraverso i cortili del tempio vicino alla Porta di Salomone, la gente lo circondava e gli chiedeva:

—Per quanto tempo ci trarrai con questo dubbio? Dicci subito se tu sei il Messia.

—*Ancora una volta mi chiedono la stessa cosa* —rispose il Maestro—. *Te l'ho già detto e tu non ci credi. I miei discepoli rendono testimonianza delle opere che compio nel nome del Padre mio. Ma voi non mi credete perché non siete delle mie pecore. Le mie pecore ascoltano la mia voce, e io le conosco, ed esse mi seguono; io do loro la vita eterna e non periranno mai, e nessuno me li strapperà di mano. Il Padre mio, che me le ha date, è più grande di tutti e nessuno può strapparle dalla mano del Padre. Io e il Padre siamo uno.*

Di nuovo, quando udirono il Maestro dire che l'Altissimo era il loro Padre, volevano lapidarlo, ma Egli disse loro:

—*Mi avete visto fare molte cose buone con il potere che mio Padre mi ha dato. Vediamo, dimmi, per quale di loro merito di morire?*

Al che il fariseo di nome Uria rispose:

—Non vogliamo ucciderti per il bene che hai fatto, ma per aver offeso Dio. Tu non sei che un uomo, un mediocre falegname di Nazaret, e osi dire che sei uguale a Dio.

—Amato Maestro, liberaci dalle grinfie dell'ignoranza! —Pietro lo supplicò.

*   *   *

A causa delle minacce di morte, andammo a Bethabara, nella regione della Perea, dall'altra parte del Giordano. Era il luogo in cui Giovanni, figlio di Zaccaria, aveva battezzato per la prima volta. Mentre erano lì, molte persone cercavano il Maestro per ascoltarlo e chiedergli qualche miracolo di guarigione. Una sera, mentre stavamo cenando, sentimmo bussare freneticamente alla porta di casa. Andrea si offrì di andare a vedere chi fosse, ma Simone lo avvertì: "Aspetta, vengo con te, perché i farisei non vengano con cattive intenzioni". Prima di aprire la porta, Andrea chiese: "Chi sei e cosa vuoi a quest'ora della notte?" Smisero di picchiare e si udì una voce rotta che implorava:

—Io sono Abele, messaggero di Maria e Marta di Betania. Porto un messaggio urgente al Maestro di Nazareth.

Allora Simone disse ad Andrea: "Apri lentamente una fessura in modo che io possa vedere chi è". E mise una mano sul legno per aiutare a fermare la porta nel caso in cui avessero cercato di entrare. Andrea aprì il cancello. Quando Simone vide che colui che aveva chiesto di parlare con il Maestro era un giovane più giovane di Giovanni, gli chiese: "Come facevi a sapere che eravamo in questo villaggio?"

—È stato Lazzaro a informare le sue sorelle —rispose Abele—. Ti farò entrare e guarderò cosa fai, eh! Ti avverto, una mossa sbagliata e ti trafiggo con la mia spada— disse Simone.

—Dai, entra, c'è il Maestro—. Aprendo lentamente la porta, Andrea gli indicò il nome. Il giovane entrò nella stanza tremante, e quando il Maestro lo vide, lo salutò:

—*Shalom, hai fame? Siediti e unisciti a noi per cena.*

Sentendo il suo invito, Levi chiese al Maestro: "Lo conosci a malapena e lo inviti a tavola?" Il Maestro rispose:

—Levi, portagli il vaso perché se ne lavi le mani e mettilo a sedere accanto a te.

Allora il Maestro versò una coppa di vino e la porse a Tommaso, dicendo:

—*È per Abele, mettila al suo posto. Non dimenticate di mostrare ospitalità a coloro che vengono a casa vostra, perché in questo modo, senza saperlo, alcuni hanno ospitato gli angeli.*

Abele si alzò in piedi di fronte al Rabbino e disse: "Non posso sedermi a tavola senza prima consegnare il messaggio. Maria e Marta ti comandano di dire: 'Signore, guarda, colui che ami è malato'". Quando il Maestro lo sentì, ci spiegò:

—*Questa malattia non è per la morte, ma per la gloria di Dio, affinché il Figlio di Dio sia glorificato per mezzo di essa. Finiamo prima il lavoro che abbiamo qui e torniamo in Giudea.*

—Rabbì, recentemente gli ebrei hanno cercato di lapidarti in Giudea, e tu vuoi tornarci di nuovo? —chiese Pietro preoccupato.

Il Maestro ha chiarito:

—*Non ci sono dodici ore al giorno? Se uno cammina di giorno, non inciampa, perché vede la luce di questo mondo. Ma se uno cammina di notte, inciampa, perché la luce non è in lui.*

"Maestro, non capisco le tue parole", confessò Giacomo preoccupato, e dando a Natanaele una leggera spinta, aggiunse: "Hai capito, Rabipuchi?" Sentii il mio viso riscaldarsi di rabbia e risposi: "Non c'è da stupirsi che il Maestro ti chiami figlio del tuono, non riesci a sopportarti". Stavamo per picchiarci, ma il Rabbino intervenne: *"Ricordati che ti ho insegnato che se qualcuno ti offende e ti percuote sulla guancia, devi porgere l'altra guancia"*. Poi ha aggiunto:

—Le ore di luce, cioè il tempo che mio Padre mi ha assegnato per il mio ministero terreno, non sono ancora state completate, e finché non lo saranno, nessuno potrà farmi del male. Devo sfruttare al massimo il breve tempo di luce del giorno che mi rimane, perché la notte verrà più tardi, quando i miei nemici mi faranno prigioniero. Nel frattempo il nostro amico Lazzaro si è addormentato, ma io vado a svegliarlo.

Allora i discepoli gli dissero: "Signore, se si è addormentato, guarirà sicuramente". Il Maestro parlò loro della morte di Lazzaro, ma essi pensarono che stesse letteralmente parlando del sogno. Vedendo che non capivano, spiegò loro chiaramente:

—*Lazzaro è morto, e sono contento per voi che non c'eravate, quindi potete crederci, ma andiamo dove si trova ora*[8].

Con le prime luci dell'alba e quando la stella del mattino si è affievolita, siamo partiti per Betania. Betania era un villaggio sul versante orientale del Monte degli Ulivi, a una parasangha da Gerusalemme. Quando Marta seppe che il Rabbino stava arrivando, gli andò incontro, ma sua sorella Maria rimase a casa, incolpando della morte del

---

[8] Misura ebraica corrispondente a 3,87 – 4,58 km.

fratello il ritardo del Maestro. Invece, Marta lo abbracciò e gli disse la sua fede:

—Signore, se tu fossi stato qui, mio fratello non sarebbe morto. Anche ora che è nella tomba, so che qualsiasi cosa tu chieda a Dio, Egli te la concederà.

Il Maestro rispose:

—*La tua fede è grande. In verità ti dico: tuo fratello, il mio amico Lazzaro, risorgerà.*

Facendo un gesto di tolleranza, perché aveva ancora dei dubbi, Marta rispose:

—So che risorgerà nella risurrezione, nell'ultimo giorno.

Il Rabbino ha testimoniato:

—*Io sono la risurrezione e la vita; chi crede in me, anche se muore, vivrà, e chi vive e crede in me non morirà mai. Ci credete?*

Ha risposto:

—Sì, Signore, io credo che tu sei il Messia, il Figlio di Dio, colui che doveva venire nel mondo per darci la libertà.

Come previsto, l'Iscariota colse l'occasione per mettere in imbarazzo Tommaso e con malizioso intento domandò: "E tu, che sei sempre diffidente di ciò che insegna il Maestro, credi che Egli sia la risurrezione e la vita?" Al che Tommaso rispose con calma: "Il Maestro ha risuscitato ciò che era morto in me e mi ha risvegliato a una nuova vita... E tu, perché lo segui?" Iscariota sgattaiolò via, fingendo di parlare ad Abramo. Poiché ero attento alla risposta di Tommaso, non mi resi conto che Marta era andata a dire a sua sorella Maria: "Il Maestro è qui, smettila di incolparlo, vai avanti e vai a trovarlo". Appena sentì il trambusto della gente che riceveva il Maestro,

Maria si alzò in fretta e andò da Lui. Quando giunse dov'era, quando lo vide, si gettò ai suoi piedi piangendo, dicendogli:

—Signore, se tu fossi stato qui, mio fratello non sarebbe morto.

Quando il Maestro la vide piangere, fu profondamente commosso e rattristato, così le chiese con uno sguardo bagnato: *"Dove l'hanno messo?"*

—Signore, venite a vedere —rispose lei.

Dopo essere rimasto per un momento in preghiera e dolore, il Maestro comandò:

—Togliete la pietra.

Al che Marta si allarmò e avvertì: "Signore, ora puzza, perché sono passati quattro giorni da quando è morto". Il Maestro rispose:

—*Non ti ho detto che se credi vedrai la gloria di Dio?*

Mentre tre uomini con l'aiuto di piedi di porco facevano rotolare la pietra, il Rabbino alzò gli occhi verso l'alto e pregò, dicendo: *"Padre, ti ringrazio che mi hai ascoltato. Sapevo che mi ascoltavi sempre; ma l'ho detto ad alta voce a causa della folla intorno a me, affinché credano che tu mi hai mandato"*.

Mentre la pietra rotolava, un putrido odore di morte riempì l'aria e un fetore orribile salì al cielo. Rabbrividii quando il Maestro gridò: *"Lazzaro, vieni, esci da quel sepolcro!"*

Quello che era morto uscì con le mani legate, camminando lentamente, perché le bende sulle ginocchia non gli permettevano di fare lunghi passi. Quando l'abbiamo visto, siamo rimasti tutti sbalorditi; il suo volto era avvolto in un sudario e la garza di lino che lo avvolgeva gli si appiccicava alla carne. Mosso a compassione, il Maestro disse a

Pietro: *"Va' e slegalo perché possa camminare liberamente"*. Poi si è girato verso di me dicendo: *"Aiuta Pietro"*.

"Io, Maestro?", con le gambe tremanti, risposi con voce nervosa e rotta. *"Sì, vai ad aiutare Pietro, ricordati che devi essere sempre forte e coraggioso."* Deglutiii, perché in realtà non ero molto forte, figuriamoci coraggioso. Mi avvicinai alle spalle di Pietro e quando fummo a quasi due cubiti[9] di distanza, mi spaventai terribilmente quando Lazzaro, facendo un grande sforzo, ruppe i legami e agitò le mani nell'aria putrida.

E non è stato solo l'orrore a farmi battere il cuore, ho anche lottato con l'improvviso bisogno di vomitare di fronte a quella corruzione.

---

[9] Cubito = 48,16–57,30 cm.

Mi rivolsi al Maestro nella speranza che provasse compassione per me, ma Egli mi fece solo cenno di andare avanti. Quando arrivammo davanti a Lazzaro, Pietro mi disse: "Prendiamo ciascuno un lembo del sudario e togliamolo dal capo". Timidamente ho afferrato una delle estremità e quando Pietro mi ha fatto cenno, l'abbiamo raccolta. I tratti del viso di Lazzaro erano irriconoscibili e il suo corpo puzzava di carne in decomposizione. Era gonfio, aveva delle bolle sulla pelle e perdeva un liquido verdastro dal naso e dalle orecchie. La pelle della testa e del collo era scolorita e macchie viola si estendevano al petto, alle cosce e al resto del corpo. Enormi pustole sul petto e sull'addome trasudavano un liquido putrido che scorreva e una copiosa quantità di gas sgorgava dalle cavità che drenando permeava la terra. Era un fetore molto sgradevole. A poco a poco togliemmo le bandoliere di lino che erano già attaccate alla carne in decomposizione fino a quando Lazzaro fu completamente nudo.

Ancora una volta il Maestro alzò le mani e pregò. In quel momento le nuvole scomparvero e il sole splendeva come se fosse il periodo dell'anno in cui sbocciano i fiori. Allora il Rabbino fece un respiro ed espirò, dicendo: *"Lazzaro, io soffio su di te affinché tu possa ricevere l'alito della vita"*. Lazzaro credette alle parole del Maestro e, alzando le braccia stanche e stanche, si unì in preghiera. Si udì un rombo di tuono e, tra lo stupore di tutti, il corpo cominciò a rigenerarsi, il cattivo odore scomparve e al suo posto un profumo di rose coprì la tomba...

Un fariseo, che era molto avanti negli anni, quando vide questo miracolo, si accarezzò la barba e, arrotolando le ciocche con le dita, esclamò: "Si è adempiuta la profezia di Ezechiele, così comandò ad

Hashem di parlare alle ossa secche: 'Israeliti, voi credete di essere morti, ma io sono il vostro Dio. Aprirò le tombe dove pensano di essere sepolti e li porterò fuori di lì. Aliterò su di te per darti il mio alito di vita e riportarti nella terra d'Israele. Quando lo farò, vivrete di nuovo e riconoscerete che Io sono il vostro Dio. Io, l'Iddio d'Israele, l'ho detto e lo farò'".

Molti dei giudei che erano venuti a vedere Maria e avevano visto ciò che il Maestro aveva fatto, credettero in Lui. Allora i capi dei sacerdoti e i farisei convocarono un concilio.

—Che cosa facciamo? Quest'uomo fa un sacco di segni. Se lasciamo che le cose vadano avanti così, tutti crederanno in Lui e i Romani verranno e ci toglieranno il tempio e la nostra nazione soffrirà.

Ma uno di loro, Caifa, che era sommo sacerdote in quell'anno, disse loro:

—È meglio che un uomo muoia per il popolo, piuttosto che perisca l'intera nazione.

Ora, egli non lo disse di sua iniziativa, ma quando quell'anno era sommo sacerdote, profetizzò che il Nazareno sarebbe morto per la nazione; e non solo per la nazione, ma anche per riunire in uno i figli di Dio che erano dispersi. Così da quel giorno progettarono di ucciderlo. Questo è il motivo per cui il Maestro non camminava più pubblicamente tra i giudei, ma noi andammo da lì in una regione vicina al deserto, in una città chiamata Efraim. E la Pasqua era vicina, e molti della regione salirono a Gerusalemme per purificarsi.

* * *

Sei giorni prima della Pasqua tornammo a Betania per far visita a Lazzaro. Quando Marta seppe che il Maestro era nel villaggio, ci accolse con una grande cena. Eravamo seduti a tavola, e Maria, prendendo un po' di profumo di nardo puro che costava molto denaro, unse i piedi del Maestro, poi li asciugò con i suoi capelli, e tutta la casa si riempì della fragranza del profumo.

Tuttavia, Giuda Iscariota, che era un ladro e amava prendere denaro da spendere per i suoi capricci, obiettò dicendo:

—Perché questo profumo non è stato venduto per trecento denari e dato ai poveri?

Il Maestro, che conosceva il cuore di Giuda, gli rispose:

—*Lascialo a me per il giorno della mia sepoltura. Perché avrete sempre con voi i poveri, ma non sempre avrete me.*

Il giorno dopo una grande folla seppe che il Maestro era lì, e vennero non solo per amore del Rabbino, ma anche per la curiosità di vedere

Lazzaro, che egli aveva risuscitato dai morti. L'irritazione dei capi sacerdoti fu così grande che decisero di uccidere anche Lazzaro, poiché per amor suo molti credevano negli insegnamenti del Maestro.

Due giorni dopo, quando era appena l'alba, il Maestro mandò Filippo e Mateo al mercato del paese, dicendo loro che avrebbero trovato un puledro legato e chiedendo loro di portarlo. Filippo guardò pensieroso Gesù e rispose, spaventato:

—Maestro, se ci vedono, penseranno che lo stiamo rubando e ci lapidiranno!

—E poi è *Shabbat* e non possiamo camminare così lontano! —Matteo lo avvertì.

—*Non temete, la distanza da e per chi va è meno dei duemila cubiti che si possono percorrere di Shabbat. Se qualcuno ti dice qualcosa, digli che il Signore ne ha bisogno, ma che lo restituirà.*

—E se ci imbattessimo in un fariseo? Non gli piaci molto —respinse Filippo.

—Essere antipatico? È sconsiderato! Gli ebrei ti odiano! Non molto tempo fa volevano lapidarti, si divertiranno con noi —esclamò Mateo.

Filippo, molto turbato, lo guardò con gli occhi dilatati di un bambino spaventato e angosciato, e gli domandò con voce rotta:

—Non ti interessa quello che ci succede?

—Non ti preoccupare, la tua testa è molto dura, le pietre rimbalzeranno sui farisei —sogghignò Pietro mentre addentava una torta all'uvetta.

Furioso, Filippo raccolse un fico secco e con un colpo preciso lo fece rimbalzare sulla fronte di Pietro.

Ridemmo tutti, il Maestro sorrise e rimase in silenzio. Il carattere iracondo di Simone Pietro ci inondò e non passò molto tempo prima che scoppiasse un conflitto, tuttavia, il Rabbino sentenziò:

—*La vendetta è mia, io renderò, dice il Signore.*

Pietro lanciò un'occhiata secca e nessuno di noi osò sfidarlo, allora il Maestro gli disse:

—*Calmati! Calmati, il rispetto è il filo d'argento che lega insieme tutte le virtù. Dai, dammi un pezzo di quella torta all'uvetta, sembra così gustosa.*

A malincuore, Filippo e Mateo si recarono al mercato come il Rabbino aveva ordinato loro. Davanti a un negozio, trovarono l'asino legato a un cancello e lo slegarono. Allora alcuni di quelli che erano lì chiesero loro: "Perché lo slegate?"

—Il Signore ne ha bisogno —rispose Matteo.

—E chi è questo signore che si sbarazza delle cose senza chiederle?

—Se sapevi chi è che sta chiedendo il puledro, lo mettevi in ginocchio e ti dava acqua viva. Ma ora è nascosto ai tuoi occhi —ha confutato Matteo.

—Acqua viva? Digli di mandarmi una brocca di vino. Mi chiamo Albino e sono all'altezza del mio nome. Dì al tuo padrone di prendersi cura di Dapple, mangia due volte al giorno e non è mai stato cavalcato.

Filippo diede a Levi una discreta spintarella, come eravamo soliti chiamare Matteo, e disse: "Andiamocene prima che cambi idea".

—Albino, la pace sia con te, ti restituirò Dapple carico di due anfore di vino.

Tornarono in fretta con l'asino e, quando il Rabbino li vide, annunciò:

—*Riposiamoci, domani si adempirà la profezia di Zaccaria: "Rallegrati grandemente, figlia di Sion! Grida di gioia, o figlia di Gerusalemme! Ecco, il tuo re viene a te, giusto, salvatore e umile. Cavalca un asino, un puledro, alleva un asino".*

Seguendo la sua abitudine, il Maestro si ritirò a pregare, ma quella notte non tornò a casa. Apparve molto presto vestito con una tunica di lino bianco in un unico pezzo, allacciata da una cintura e da un mantello blu. Ci ha augurato con calma la pace e ha chiesto a Giovanni di portare l'asino. Giovanni era il più giovane del gruppo, e sebbene il Maestro cercasse di nasconderlo, era evidente che aveva un affetto speciale per lui.

—Eccolo, Rabbi, il suo nome è Dapple, stai attento, perché non è mai stato cavalcato e potrebbe essere infastidito e nitrire.

Il Maestro lo accarezzò e il puledro alzò la testa e lo annusò. Non potevamo sentire, ma stavano parlando. Quando ebbe finito, il Maestro chiese a Dapple di essere preparato. Giacomo fece un passo avanti e stese il mantello sul dorso del puledro, e io intrecciai una treccia con la criniera sulla fronte dell'asino. Non avevo mai visto il Maestro cavalcare, lo faceva molto bene, sembrava davvero un re.

*   *   *

Gesù gridò e disse: *"Chi crede in me, non crede in me, ma in colui che mi ha mandato. E chi vede me, vede colui che mi ha mandato. Io, la luce, sono venuto nel mondo, affinché chiunque crede in me non rimanga nelle tenebre. Se uno ascolta le mie parole e non le osserva, io non lo giudico; perché io non sono venuto per giudicare il mondo, ma per salvare il mondo. Chi mi rifiuta e non accoglie le mie parole ha qualcuno che lo giudichi; la parola che ho pronunziato, che vi giudicherà nell'ultimo giorno. Poiché io non ho parlato di mia spontanea volontà, ma il Padre stesso, che mi ha mandato, mi ha dato un comandamento su ciò che dirò e su ciò che dirò. E so che il suo comandamento è la vita eterna; perciò quello che dico, lo dico proprio come il Padre mi ha detto".*

Era molto presto e il Maestro aveva fame, così mi ordinò:

—*Vedi quell'albero di fico? Andate a tagliare dei fichi per la strada.*

Di tutti questi, il fico che il Maestro indicò era il più bello, le foglie tenere sembravano farfalle di un bel colore smeraldo che svolazzavano nelle radure di luce. Tuttavia, il ricordo era più forte della bellezza davanti ai miei occhi. Sono diventato pallido e mi faceva male l'orecchio, non riuscivo ancora a superare l'esperienza con formiche e api. Dopotutto, ero un pescatore e non sapevo nulla di alberi. Guardai Filippo e dissi:

—Vuoi venire con me?

—No, amico, no! Ti hanno mandato, io ho già preso Dapple, inoltre non mi piacciono nemmeno i fichi.

Cercando di evitare di avvicinarmi al fico, commentai al Maestro: "Mi hanno detto che più avanti c'è un frutteto di melograni cremisi, se vuoi possiamo andare a tagliarne un po".

—*Non mi limitare, mangiamo i fichi e poi andiamo a prendere i melograni, andiamo avanti, ne portiamo abbastanza per tutti.*

Con timore e tremore mi avvicinai al fico. Perlustrava il terreno alla ricerca di formiche ed era molto attento al ronzio delle api. Quando finalmente mi sono sentita al sicuro, ho cercato a fondo i fichi e non sono riuscita a trovarne. Tornai a mani vuote e dissi al Maestro: "Non c'è un solo fico, sono stato salvato dalle api, spero che non ti piacciano i melograni". Il Rabbino, visibilmente turbato, indicò l'albero di fico e con voce autorevole dichiarò:

—*Tu fico vanitoso che ti lasci sedurre dai raggi del sole che accarezzano la tua prole. Sottovaluti la partecipazione alla creazione. Che nessuno mangi mai più del tuo frutto! L'ascia è già posata alla radice degli alberi; perciò ogni albero che non porta buon frutto sarà tagliato e gettato nel fuoco.*

In quel preciso istante il fico appassiva. Eravamo tutti sbalorditi, e anche Rucio accelerò il passo. Pietro ruppe il silenzio e chiese al Maestro:

—Come ha fatto il fico a seccarsi all'istante?

Gesù rispose:

—*Ti assicuro che, se hai fede e non dubiti, non solo potrai fare quello che ho fatto io al fico, ma anche se dici a questa collina: "Esci di là e gettati in mare", accadrà.*

Poi si voltò a guardarci e indicò con fermezza:

—*Quando pregate, chiedete con fede e lo riceverete.*

Dal Monte degli Ulivi si vedevano le mura che circondavano Gerusalemme. Di fronte alla bellezza della città sacra, il Maestro si fermò e si concentrò sui suoi pensieri. Guardò la spianata che si stendeva ai suoi piedi e aguzzò i sensi per osservare la città nei minimi dettagli. Vedendo che i minuti passavano senza dire nulla, Pietro gli chiese preoccupato:

—Maestro, stai bene, vuoi tornare a casa di Lazzaro?

Mentre guardava la città in tutta la sua gloria erodiana, le lacrime annebbiarono gli occhi del Rabbino. Il Maestro sospirò rassegnato, si asciugò il viso e con una certa angoscia esclamò:

—*Sto bene* —poi, volgendosi verso la città, disse—: *Se solo in questo giorno tu capissi cosa può darti la pace... Ma ora è nascosto ai tuoi occhi.*

—Rabboni, non capisco le tue parole —disse Andrea.

—*Verranno giorni disastrosi per la Città della Pace. Tutto sarà distrutto dai suoi nemici, che la assedieranno e la attaccheranno da tutti i lati. Raderanno al suolo lei e i suoi figli e non lasceranno pietra su un altro, perché non è stata in grado di riconoscere il tempo in cui è stata visitata da Dio.*

—Faremmo meglio a tornare indietro, per non essere coinvolti in una calamità così terribile! —gridò Giuda Iscariota.

—Sei sempre così cauto —facendo un segno con la mano e in tono beffardo, rispose Santiago.

—Sei ignorante e maleducato! Non vi è stato insegnato che Salomone scrisse: "Chi è saggio vede il male e si nasconde; ma i semplici passano e ricevono il danno"?

—Ciò che nasconde fa parte delle monete delle offerte che abbiamo ricevuto —mormorò Giovanni.

—Ah, Salomone disse anche: "L'uomo malvagio, l'uomo depravato, è colui che cammina nella malvagità della bocca; che strizzare l'occhio, parla con i piedi, fa cenno con le dita e con le mani!"

Un silenzio pieno di stupore pervase gli uliveti che aspettavano con ansia la reazione del Rabboní...

—*A che serve conoscere le Scritture se non si vive secondo la volontà del Padre? Questo ti rende migliore di Caino?* —disse il Maestro.

Eravamo tutti sbalorditi, perché non capivamo niente. Potevo solo vedere che le vene di Giuda si ispessivano nel suo collo e lui deglutiva.

Sulla strada per Gerusalemme, molti di coloro che avevano sentito parlare dei segni compiuti dal Rabbino gli andarono incontro. Quando videro Gesù cavalcare l'asino, pensarono che fosse l'adempimento della profezia di Zaccaria e lo applaudirono e lo adorarono come un re venuto a liberarli nel nome di *Hashem*.

In segno di rispetto e regalità, stendevano i loro mantelli davanti a Lui; altri tagliavano rami dalle palme e li spargevano lungo la strada. Le persone davanti e quelle dietro gridavano:

—Osanna al Figlio di Davide!

—*Pensano che io sia un Messia guerriero, pagherò la loro delusione con il sangue.*

—Osanna in alto!

—*Niente mi salverà dalla croce, è la volontà del Padre.*

—Benedetto sia il Re d'Israele!

—*Sento già la corona di spine conficcata nella mia testa.*

Vedendo tutto questo trambusto, Simone il Cananeo mi avvertì:

—Questo diventerà molto brutto, pensano che il Maestro sia il Messia che viene a salvarli dal giogo dei Romani, quando si rendono conto che non è così, ci lapideranno tutti.

Simone il Cananeo apparteneva al gruppo di zeloti che combattevano contro Roma e conosceva le formazioni militari, così ci organizzò per proteggere il Maestro. Dietro l'asino pose Pietro e Giacomo, a destra Giovanni, Giuda Iscariota, Matteo e Filippo. Sul lato sinistro del puledro camminava Giacomo, figlio di Alfeo, Tommaso, Giuda Taddeo e Andrea. Al fronte, timoroso e sospettoso, accompagnai Simone.

Quando arrivammo alla porta orientale delle mura, tutta Gerusalemme parlava della venuta del Messia nella città. I mercanti, la gente umile, la gente della città, dei campi vicini, i forestieri di passaggio, tutti volevano vederlo e toccare il suo mantello. Percependo il pericolo, Simone ci ordinò:

—Chiudete la formazione, non permettete a nessuno di toccare il Maestro!

Al che il Rabbino rispose:

—*Rilassatevi e godetevi l'accoglienza amichevole finché potete, perché non è tutto oro quello che luccica.*

—Oro? Non credo che ne valga la pena, al massimo offriranno qualche moneta d'argento —Giuda Iscariota scosse la testa e mormorò sottovoce.

—Di quale oro stai parlando, Giuda? —chiese Giovanni.

—Non è niente, mi sono solo ricordato che questo ingresso si chiama Porta d'Oro e pensavo fosse d'oro —rispose nervosamente.

—*Prima che io trascini la legna attraverso questa porta, ti appenderai per il collo di un ramoscello d'ulivo.*

Quando siamo entrati a Gerusalemme, il trambusto si è trasformato in una festa. Tra le acclamazioni del popolo, cavalcando sui mucchi di palme e di mantelli accuratamente collocati dalla folla, il Maestro accettò umilmente le lodi. Ah, ma Rucio, mentre si pavoneggiava, alzò la testa e le orecchie. Camminava con orgoglio della sua stirpe reale e rispondeva con sbuffi agli applausi della plebe. Il triste belato delle greggi di agnelli che venivano da Betlemme per essere macellati echeggiava con le grida della folla:

—Figlio di Davide, tu sei il re d'Israele!

Gli inflessibili farisei sembravano molto turbati, i sommi sacerdoti e gli scribi bruciavano di rabbia e facevano commenti infuocati sul Rabbino. Si sentivano impotenti, avevano ripetutamente decretato la morte del Maestro, e ora che lo avevano a portata di mano, temevano ritorsioni da parte dei romani se fosse sorto un tumulto durante le celebrazioni della Pasqua.

A causa della festa, Gerusalemme era in grande subbuglio. Le truppe romane occuparono la fortezza di Antonia e presidiarono la città con diffidenza, temendo un attacco da parte degli zeloti.

—Maestro, dove vuoi andare adesso? —chiese Simone.

—*Al tempio* —rispose il Rabbino.

Abbiamo fatto la nostra strada a gomitate tra la folla che si stava radunando intorno al Maestro. Mi sentivo le braccia pesanti e le ginocchia piegate per aver spinto così forte la folla e non solo, mi sentivo stordito dal cattivo odore di sangue secco lasciato dai sandali di coloro che venivano dal Tempio. Le centinaia di animali macellati per celebrare la Pasqua formavano un fiume di sangue mescolato con escrementi che scendeva dal Tempio e inondava le strade. Indossavo un panno di lino per coprirmi naso e bocca, perché l'odore di carne bruciata mescolato al fumo dell'incenso mi faceva venire la nausea. Avevo la bocca secca, avevo bisogno di una buccia di idromele. Poi, abbastanza stanco, chiesi a Simone: "Che cosa c'è nel Tempio che il Rabbino insiste ad andare in mezzo a questo mare di gente?"

—Hai dimenticato la nostra tradizione? È il mese di Nisan e ricordiamo la partenza dei nostri antenati dall'Egitto. Tutti gli ebrei sono obbligati a partecipare alla festa di Pasqua che si tiene nel Tempio di Erode.

Che barbarie, la fatica e la peste mi annebbiavano la mente. Allora gridai: "*Shalom aleichem*", e Pietro, che camminava dietro, rispose: "*Aleichem shalom*".

Il grande Tempio aveva, oltre alle aree riservate ai sacerdoti e ai membri del popolo d'Israele, uno spazio chiamato il cortile dei gentili in cui potevano entrare tutti, ebrei e non ebrei, circoncisi e incirconcisi, persone istruite nella Legge e persone che non lo erano. Era il luogo in cui si riunivano rabbini e dottori della Legge pronti ad ascoltare le domande della gente su Dio, ed era anche il luogo in cui si vendevano souvenir di ogni tipo, per lo più bigiotteria. Da un lato c'erano recinti dove gli animali venivano curati e venduti per il sacrificio. I leviti, che erano incaricati di custodire il Tempio e che avevano pervertito l'amministrazione della cura di Israele, trassero profitto dalla vendita cara degli animali. I sommi sacerdoti erano i guardiani del tempio e, di fatto, i custodi dell'intera struttura della religione ebraica. Oltre alla loro posizione sociale privilegiata, i leviti si rimpinzavano dei profitti degli affari del tempio.

Entrando nel cortile dei gentili, il Maestro osservò un gran numero di persone che vendevano senza scrupoli polli e animali per i sacrifici. Manzi, pecore e piccioni venivano venduti per offerte a prezzi molto alti. Predavano gli ebrei che venivano da luoghi lontani e non potevano portare i propri animali per i sacrifici. E non solo, c'erano anche cambiavalute, non so, per me che erano usurai che scambiavano monete romane o di qualche altra nazione con normali monete di ottone. Ciò era necessario, poiché gli altri, poiché avevano caratteri stampati, non erano accettati nel sacro tempio di Dio.

Quando Giuda Iscariota vide il grande affare che rappresentava la vendita di animali, poiché molti volevano chiedere ad *Hashem* un favore speciale, si avvicinò al Maestro e commentò: "C'è un lotto abbandonato prima di raggiungere il Tempio, possiamo costruire un pergolato e tu puoi fare miracoli di guarigione, faremo una fortuna!" Il Rabbino rispose con fermezza:

—*Allontanati da me, Satana! Tu vuoi farmi inciampare; tu non pensi alle cose di Dio, ma alle cose degli uomini.*

Giuda abbassò la testa e, senza dire una parola, si ritirò. Il Maestro non disse nulla, ma si vedeva che stava bollendo dentro. A bassa voce dissi a Pietro: "Non l'avevo mai visto arrabbiato".

—Silenzio —mi rimproverò Cefa, come Pietro veniva chiamato dal Maestro.

Il Rabbino camminò in silenzio, pensieroso, cercando di controllare la sua rabbia. Respiravo a pieni polmoni. All'improvviso si fermò, chiuse gli occhi e sembrò pregare. Pensieroso, riprese il passo, lanciò un'occhiata ai cambiavalute, si aggiustò i capelli e sembrò che stesse parlando con qualcuno. Andò avanti per qualche minuto, poi si voltò verso di noi e disse a Tommaso: *"Andate a portarmi una delle trappole usate per legare gli arieti"*.

Prese la corda e tesse una frusta con tre cinghie. Facendo schioccare la frusta sulle orecchie dei buoi, li scacciò tutti fuori dal tempio, insieme alle sue pecore e alle sue colombe. Rovesciò anche i tavoli dei cambiamonete, abbatté gli scaffali dei venditori di colombe e si rivolse ai farisei che lo guardavano con stupore, dicendo: *"Nelle Scritture è detto: 'La mia casa sarà dichiarata casa di preghiera, ma voi ne fate un covo di ladri'"*.

I farisei si indignarono e in preda all'ira gli chiesero:

—Che prova ci dai della tua autorità per fare questo?

Gesù rispose loro:

—*Distruggete questo tempio e in tre giorni lo farò risorgere.*

I farisei deridevano apertamente il Maestro e gli dicevano in tono sarcastico:

—Sei pazzo? Sono stati lavorati quarantasei anni per la costruzione di questo tempio, e in tre giorni lo costruirai?

—*Elohim ta'azor li*, mi fa male la schiena e le pietre del tempio sono molto pesanti —alzando le mani, gridò Santiago.

Non riuscimmo a trattenere le risate e ancora una volta Pietro ci fece una ramanzina dicendo: "Silenzio, collaboreremo tutti per ricostruire il Tempio". Al che Rabboni rispose:

—*In verità, vi dico, quando me ne andrò, capirete le mie parole.*

Siamo tutti in silenzio...

Alla festa di Pasqua erano venuti non solo gli ebrei di nascita, ma anche i proseliti, cioè le persone che si erano convertite alla religione ebraica. Tra loro c'erano alcuni greci che avevano ascoltato gli insegnamenti e i segni di Gesù di Nazaret. Questi uomini andarono da Filippo e gli dissero:

—*Jag Sameachen*, sei un discepolo di Gesù? Puoi condurci a Lui? Vogliamo conoscerlo.

Filippo non era sicuro di portarli dal Maestro, non pensava che fosse una buona idea, così ne parlò con Giacomo e decisero di andare a consultarlo con il Rabbino. Dopo averli ascoltati, rispose in tono triste:

—*È giunta l'ora che il Figlio dell'uomo sia glorificato. In verità vi assicuro che se il chicco di grano non cade a terra e non muore, è ancora solo un chicco. Ma, se muore, allora porta molto frutto. Mandateli via con una benedizione, non posso prendermi cura di loro. Provo un'angoscia terribile in questo momento! E cosa dirò? Dirò: Padre, liberami da questa angoscia? Certo che no, è esattamente quello per cui sono venuto!*

Pietro non riuscì a trattenersi e gli chiese: "Di cosa stai parlando? Sappiamo che hai molti nemici a causa del tuo messaggio di salvezza, eppure eccoci qui e ti difenderemo fino alla morte".

—*Pietro, tu sei una roccia, ma quando verrà il momento, lascia stare, perché è giusto che facciamo tutto ciò che è giusto davanti a Dio. Sono stanco, torniamo a Betania. Filippo, non dimenticare di restituire Rucio.*

*   *   *

Era il mese di Nisan e secondo la tradizione, al crepuscolo del primo giorno di luna piena, iniziavano i festeggiamenti della Pasqua ebraica. Giovedì pomeriggio siamo tornati a Gerusalemme, ma non siamo entrati in città per evitare di incontrare coloro che cercavano di impadronirsi del Maestro. Durante le feste tutto era gioia, erano sette i giorni in cui, tra lodi, pasti e preghiere, si ricordava la liberazione dalla schiavitù in Egitto.

Mentre i miei compagni stavano allestendo l'accampamento, io e Andrea stavamo raccogliendo legna da ardere per accendere un falò. All'improvviso sentii il Maestro che ordinava a Matteo e Pietro di andare a organizzare i preparativi per la Pasqua. Dovevano trovare una stanza al piano superiore molto spaziosa ed elegante nella parte più ricca di Gerusalemme, sul monte Sion, non lontano dalla casa di Caifa e dalla tomba del re Davide. Pietro ha chiesto:

—Ma, Maestro, la Pasqua è dopodomani[10].

—Si fa così. In questo modo è opportuno procedere affinché la Scrittura si adempia.

---

[10] Studiare i seguenti passi: Giovanni 18:28 e i passi dei Vangeli sinottici sulla Cena del Signore.

Mateo non pensava che il Maestro lo avesse scelto per questo compito e visibilmente sconvolto si lamentò:

—Devo ripartire? Vi siete dimenticati che ho scelto Rucio e mi sono quasi sballato? Maestro, faresti meglio a mandare Natanaele.

—Tu sei il più grande, non temere, mi prenderò cura di te —lo rimproverò Pietro.

—Gli alberi di fico sono vecchi e danno ancora frutti! Inoltre, dimentichi di essere il più vecchio di tutti. Non ho paura, sono cauto —ha detto Matteo.

—Non pensate nemmeno che me ne vado, ti sei dimenticato che sono stato punto da formiche e api per aver tagliato i fichi —chiarii subito il punto.

—Con il fatto che le tue orecchie sono gonfie, non riesci più a sentire bene. Non raccoglieremo fichi, il Maestro ci ha mandato a Gerusalemme per preparare il pasto pasquale. Vuoi unirti a noi —mi ha chiesto Pietro.

—No grazie, buon divertimento.

—Buon divertimento!... Non che stessimo andando a pescare —ha chiarito Mateo.

—*Non pensarci più così tanto, voi tre, andate per la vostra strada.*

—È stata colpa tua, non pensare nemmeno che ti difenderò se gli scribi ti lapidano —ho avvertito Matteo con rabbia.

Allora Pietro chiese:

—Come faremo a sapere qual è la casa?

—*Quando entrerai in città, fatte molta attenzione, vi verrà incontro un uomo che porta una brocca d'acqua; seguitelo fino alla casa in cui entra e dite al padrone di casa: "Il Maestro mi chiede dov'è la stanza dove devo mangiare la Pasqua con i miei discepoli". Vi mostrerà una grande stanza decorata sopra. Preparate la cena lì —* rispose il Rabbino.

Partimmo in fretta e furia ed entrammo in città attraverso la porta di Siloe. Poco dopo aver camminato, siamo stati accolti da un uomo con una brocca d'acqua, ha attirato la mia attenzione, dato che quel compito era solitamente svolto dalle donne. Lo seguimmo a distanza di sicurezza finché raggiungemmo una stanza molto grande e, come per magia, l'uomo con la brocca scomparve. La porta della camera era socchiusa, fatta di larghe assi e rinforzata con pieghe e sbarre di ferro. Potevamo vedere il proprietario della stanza che stava accendendo le lampade ad olio. Pietro sollevò e lasciò cadere sul legno un anello di bronzo che serviva da maniglia della porta, e quando il proprietario udì il colpo, chiese a gran voce:

—Chi bussa alla porta?

Pietro ha risposto:

—Il nostro Signore e Maestro vi dice: "Dov'è la stanza dove mangerò la Pasqua con i miei discepoli?"

Il padrone rimase in silenzio e guardò Pietro con uno sguardo acuto, freddo, pieno di domande. Poi aprì la porta e disse:

—Sono Jadiel, ieri in sogno mi è stato rivelato che stavano arrivando. Entra, di' al tuo Signore che puoi usare questa stanza per celebrare la Pasqua. Quando hai finito, chiudi la porta.

Così dicendo, Jadiel prese uno zaino, se lo gettò in spalla e si ritirò. Ci siamo meravigliati della splendida natura della stanza, in quanto aveva tutto il necessario per festeggiare la Pasqua. Era una grande sala, il soffitto aveva cupole sorrette da due colonne di marmo ornate da capitelli scolpiti. Era illuminata da tre finestre in legno di cedro, molto larghe e rivolte verso la strada. Il pavimento era costituito da grosse lastre di pietra calcarea, sbiadite dal passare del tempo, e dal centro del soffitto pendevano due lampade ad olio con diversi ugelli. Le pareti erano imbiancate a calce e al centro della stanza c'era un grande tavolo rettangolare di legno molto lungo. Pietro ci ha subito consegnato i compiti e abbiamo iniziato i preparativi.

La sera, dopo l'ora nona[11], il Maestro arrivò nella camera accompagnato da tutti i suoi discepoli. Dopo aver salutato e augurato pace a Pietro, Matteo e Natanaele, ha detto:

—*Ho ardentemente desiderato mangiare questa Pasqua con voi prima di soffrire. Non lo mangerò più finché tutto*

---

[11] Alle tre del pomeriggio.

non sarà sottomesso alla volontà dell'unico vero Dio, mio Padre.

Sapendo che era giunto il momento di passare da questo mondo al Padre, il suo sguardo si posò sul volto di ciascuno di noi, si tolse il mantello, prese un asciugamano e lo avvolse intorno a sé. Poi versò dell'acqua in un lavandino e annunciò:

—*Sedetevi, vi laverò i piedi.*

Le parole del Maestro ci sorpresero e Pietro non ci mise molto ad esprimere lo sconcerto che provavamo. Il suo temperamento esplosivo e il suo amore appassionato per il Maestro sgorgarono come una sorgente infuriata ed egli interrogò il Rabbino:

—Signore, mi laverai i piedi?

Pietro capì che permettere al Maestro di lavarci i piedi sarebbe stato un atto di umiliazione e si ribellò, era difficile per lui accettare di vedere il Maestro inginocchiato davanti a lui.

Il Maestro rispose:

—*Tu non capisci quello che sto facendo ora, lo capirai più tardi.*

—Non mi laverai mai i piedi.

—*Se non ti lavo, non avrai nessuna parte con me.*

Sentendo questo, Pietro si trattenne, perché non poteva sopportare l'idea di stare lontano dal Signore. Il loro lamento e la loro ribellione manifestavano un amore molto grande, ma imperfetto. Era un amore che oscurava il suo sguardo, perché non capiva l'umiliazione o il significato del servizio. Poi, con le lacrime agli occhi, Simone Pietro rispose:

—Signore, come posso vivere lontano da te? Se necessario, lava non solo i miei piedi, ma anche le mie mani e la mia testa, ma non voltare il viso da me.

—*Siediti, devo lavarti i piedi, perché sei puro, anche se non tutti...*

L'atmosfera si fece tesa. Chiesi a Filippo: "Di chi stai parlando? E lui mi disse:

—Non lo so, forse sei tu quello che ha bisogno di un bagno.

—Come sarai un bruto, Filippo! Non vi rendete conto che il Maestro usava un'allegoria?

—Che cosa sostengo? —domandò, confuso.

—Basta, è inutile parlarti, non chiedermi più niente.

—Bene, vai avanti, togliti i sandali... Forse ti fa anche il bagno.

Infastidito, mi tolsi le pantofole mentre il Maestro finiva di lavare i piedi a Pietro. L'unica cosa che riuscii a sentire fu che gli disse: *"Simone Bar-jona, le potenze della morte non saranno mai in grado di sconfiggerti"* e continuò a parlargli mentre si asciugava i piedi.

—*Simone Pietro, figlio di Giona, ti darò le chiavi del regno dei cieli"*.

—Non ti ho mai visto portare una chiave, ce l'hai nascosta sotto la vestaglia? E che cosa farò con loro, Signore?

—*Ciò che legherete sulla terra sarà legato nei cieli, e ciò che scioglierete sulla terra sarà sciolto nei cieli.*

—Questa è una buona notizia, la prima cosa che farò è legare Giuda, che ha detto che avevo paura! Perché lo vogliamo in cielo? Dai, dimmi, e ci vorrà molto tempo prima che tu muoia?

—*Non tanto, ma sarà dopo che mi rinnegherai tre volte prima che un gallo canti.*

—Ah, allora vivrai per molti anni.

—*Ho quasi finito di asciugarti i piedi, un giorno farai lo stesso con le mie pecore.*

—*Per ora, quanto è lontano da voi sapere che per causa mia sarete crocifissi a testa in giù...* —pensò Gesù.

—Uff, spero che non ce ne siano molti,

—*Spetterà a mio Padre decidere, ma benedetto sei tu che ti prendi cura del mio gregge.*

Continuai, tirandomi timidamente su un po' la tunica per lasciare i piedi liberi. Taddeo fu scelto per aiutare il Rabbino con il rituale, così scambiò il secchio del Maestro con uno con acqua pulita.

—*Rilassati, Bartolomeo*[12], *da quando ti ho sentito pregare sotto il fico, quando mi hai chiesto di poter vedere il mio volto, ti ho chiamato ad essere mio discepolo.*

—Ti seguo perché credo che tu sia il Figlio di Dio, il Messia tanto atteso, ma sono riluttante a continuare, poiché sono l'unico sostegno di mio padre quando va a pescare.

—*Abbiate fede, ai vostri genitori non mancherà nulla, saranno ricompensati dal Padre mio. Hai una strada molto lunga da percorrere, porterai la buona notizia ad Hayk*[13] *e molti saranno salvati, io sarò sempre con te.*

—*Quando sarai scorticato vivo con vecchi coltelli, io sarò al tuo fianco...* —profetizzò Gesù in silenzio.

—Beh, ci penserò, ma se continuo con te, tieni lontane da me le formiche e le api.

---

[12] Nome di Natanaele in aramaico.
[13] Armenia.

Il Maestro sorrise malinconicamente, si alzò e cambiò l'asciugamano. Lavò affettuosamente i piedi dei suoi discepoli e poi li baciò mentre dava loro una parola. Nella sua mente, in silenzio, profetizzava il suo futuro.

Era il turno di Giacomo, che chiamavamo affettuosamente Giacobbe. Era il fratello di Giovanni, e il Maestro aveva dato loro il soprannome di "figli del tuono", a causa del loro carattere forte e impetuoso.

—*Giacomo, figlio di Zebedeo, la pace sia con te.*

—Maestro, questa umiliazione è davvero necessaria? —chiese Giacobbe angosciato.

—Ancora una volta, sai che ho bisogno di lavarti i piedi o non avrai una parte con Lui, siediti, si sta facendo tardi e ho già fame —chiarì suo fratello Giovanni.

—Non vedi che è imbarazzato dal fatto che il Maestro veda il suo alluce valgo? —Giuda Iscariota intervenne.

—E chi ti sta parlando? Il mio alluce valgo non è nulla in confronto ai tuoi occhi malvagi, sicuramente discendono dalla più brutta concubina del re Davide —lo investì Giacomo.

—Tu e tuo fratello, per quanto fragorosi possano sembrarmi...!

Prima che avesse finito la frase, il Maestro intervenne e disse: "State combattendo di nuovo". "L'Iscariota comincia sempre a seminare discordia", chiarì Giovanni.

—*In questo mondo dove il diavolo si aggira, non crediate che io sia venuto a stabilire la pace. Le mie parole non porteranno pace, ma lotte e difficoltà. Metteranno il figlio contro il padre, la figlia contro la madre e la nuora contro* la suocera. Il tuo peggior nemico sarà la tua stessa famiglia. Voi siete miei fratelli e non smettete di lottare.

Da quel momento tutti noi siamo rimasti in silenzio e abbiamo continuato a guardare con stupore il Maestro che lavava i piedi ai nostri compagni. Non potei fare a meno di pensare che il Maestro amava servire come uno schiavo fa con i suoi padroni. Quando ebbe finito, piegò il mantello e disse:

—*Capite cosa vi ho fatto? Voi mi chiamate Maestro e Signore, e dite bene, perché io sono. Infatti, se io, che sono il Signore e il Maestro, vi ho lavato i piedi, anche voi dovete lavarvi i piedi gli uni gli altri. Vi ho dato l'esempio. In verità, in verità vi dico: il servo non è più del suo padrone, né il messaggero più di colui che lo ha mandato. Se lo capite e lo fate, sarete benedetti. Beato colui che serve, perché sa amare come ama Dio.*

Pensierosi, forse un po' confusi, ci siamo spostati verso il tavolo. Il Maestro sedeva al centro, Giovanni prendeva posto alla sua destra e Pietro sedeva alla sua sinistra. Secondo la tradizione, al centro della tavola abbiamo posto il cibo che ci ha ricordato la storia dell'Esodo. Abbiamo messo un vassoio di ottone con l'agnello arrosto e, su piatti più piccoli, l'olio d'oliva per intingere il pane e le erbe amare che ci ricordavano l'antica schiavitù. Oh, e non potevano mancare il pane azzimo, cioè la *matzah*, e il *charoset*, un impasto di noci che rappresentava il mortaio e il pestello che i nostri antenati usavano per fare e assemblare i mattoni. Abbiamo anche posizionato i quattro bicchieri di terracotta in cui sarebbe stato versato il vino in segno di gioia e ci siamo assicurati che le sedie fossero comode.

Il Maestro prese un bicchiere di vino e pronunciò la benedizione del *Kiddush*:

—*Benedetto sei tu, Padre, nostro Dio e Re dell'universo, che ci hai santificati con i tuoi comandamenti e hai voluto offrirci questa cena con amore e benevolenza, affinché ricordiamo l'esodo dall'Egitto.*

Abbiamo bevuto dalla prima tazza di vino accompagnata da un pezzo di *matzah*. Seguendo la tradizione dei nostri padri, il Maestro comandò:

—*Aprite la porta in modo che se qualcuno ha fame possa venire a cenare con noi.*

Mentre aspettavamo che qualcuno accettasse l'invito, il Maestro ci invitò a cantare il salmo che ci ricorda la liberazione del Faraone dalla schiavitù:

Dal momento in cui gli Israeliti uscirono dall'Egitto, da quel paese straniero, Giuda divenne il luogo in cui Dio stabilì il Suo tempio.

La terra d'Israele divenne il suo dominio.

Quando gli israeliti li videro, il mare aprì loro la strada e il fiume Giordano smise di scorrere. Le montagne e le colline saltavano come agnelli.

Che ti è successo, mare? Perché hai lasciato loro il posto?

Che cosa ti è successo, fiume Giordano? Perché hai smesso di correre?

E voi, monti e colline, perché avete saltato come agnelli?

Terra, trema alla presenza del nostro Dio!

Trasformò la roccia in una sorgente.

Egli è il Dio d'Israele!

Alla fine dell'elogio, Andrea suggerì a Tommaso: "Faresti meglio a non cantare più il prossimo salmo, sei più stonato di un coyote con la luna piena". "I lupi non cantano sotto la luna?", chiese Matteo confuso. "Beh, allora non canterò più", rispose Tommaso imbarazzato.

―*Non cessate mai di lodare l'Altissimo! Dio ha reso l'uomo perfetto in modo che avesse ciò di cui aveva bisogno per compiere la missione assegnatagli dal Padre mio. Il timbro della voce è unico per ogni persona e fa parte di una grande orchestra che piace al Signore. Rallegratevi nel cantare salmi all'Iddio d'Israele!*

Con una certa arroganza Tommaso chiarì:

―Vedete, io e il Maestro conosciamo la musica celestiale.

Battemmo tutti le mani e finimmo di bere il primo bicchiere di vino. Seguendo la tradizione, Giovanni, il più giovane tra noi, chiese:

―Perché celebriamo questa festa?

Tutti abbiamo risposto:

―Un giorno eravamo schiavi del faraone in Egitto; poi l'Eterno, il nostro Dio, ci condusse fuori di là...

Quando finimmo di raccontare la storia dei nostri padri, il Maestro chiese a Giacomo di raccontare la storia della liberazione. Quando ebbe finito, in ricordo delle dieci piaghe, ognuno di noi mise un dito nel calice di vino e ne prese una goccia dieci volte e la versò sul tavolo e rispondemmo con l'*Hallel*[14].

Rendete grazie al Signore perché è buono, perché la sua misericordia dura per sempre...

Assaporiamo insieme il secondo calice, chiamato anche calice del giudizio o del dolore, ma non tutto per non dimenticare la sofferenza del nostro popolo in Egitto. Quando ebbe finito di bere il vino, il Maestro prese il pane e rese grazie, lo spezzò e ne diede un pezzo a ciascuno di noi.

---

[14] Un insieme di salmi di lode che hanno a che fare con la liberazione dall'Egitto.

Allo stesso modo prese alcune delle erbe amare, le intinse nell'olio, pronunciò una benedizione e diede a ciascuno qualcosa da mangiare. Al termine del rituale delle prime due coppe, il Maestro stese le braccia:

—*Godiamoci insieme questo delizioso agnello, ringraziamo Hashem per la libertà che abbiamo ricevuto dalla sua misericordia.*

Non so se fosse la fame che portavo, ma l'agnello aveva il sapore della gloria per me. Non avrebbe dovuto essere così, poiché, ricordando l'urgente partenza dall'Egitto, l'agnello veniva arrostito direttamente nel fuoco non condito. Inoltre, le erbe amare avevano per me lo stesso sapore della purga che mi dava mia nonna quando ero bambino. È vero quello che si dice: "Per un uomo buono non c'è pane raffermo", beh, è lì che va il proverbio. Alla fine della cena, il Maestro fu commosso nel suo spirito e dichiarò:

—*In verità, in verità vi dico: uno di voi mi tradirà.*

Sentendo queste parole, ho lasciato cadere la costola sul piatto ed è stato quasi soffocato dal boccone che mi è piaciuto. Il dubbio, unito alla rabbia, ci ha portato a chiederci: "Chi è? Perché il Maestro non lo dice per lapidarlo?" Pietro non si accontentò dell'affermazione generica del Maestro e fissò insistentemente i volti di ognuno di noi. Stava cercando di trovare qualche gesto che avrebbe tradito il traditore. Poi incontrò Giovanni, che era appoggiato al petto del Maestro, e gli fece cenno di chiedere chi fosse il traditore. Giovanni sentì il cuore del Rabbino battere forte mentre annunciava il traditore.

—*Giovanni, bada, chi intinge il suo pane nel mio stesso piatto è colui che mi tradirà.*

Il discepolo della Giudea prese un pezzo di pane e, incrociando il braccio su Pietro, lo intingeva nel piatto del Rabbino. Quando Giovanni vide questo, fu pieno di stupore e sussurrò all'orecchio del Maestro: "Che barbarie, è Giuda Iscariota il traditore! E non hai intenzione di fare nulla?"

—*Ecco perché sono venuto al mondo, per dare la mia vita per voi.*

Pietro guardò Giovanni ansiosamente e gli fece cenno di ripetere la domanda o di dirgli se il Maestro gli aveva già risposto. Si vedeva il cambiamento sul volto di Giovanni: era senza parole. Pietro si chiese perché non parlasse. Ma Giovanni non disse nulla. Aveva appena ricevuto una delle lezioni più dure della sua vita. Accettando il sacrificio del suo

Maestro per salvare i peccatori, si fece depositario di una fiducia difficile da sopportare: conoscere il traditore e tacere. Vedendo l'inquietudine sui volti dei suoi discepoli, che si guardavano con la coda dell'occhio cercando di trovare il traditore, il Maestro disse loro:

—*Il Figlio dell'uomo si allontana, com'è scritto, da lui; ma guai a colui dal quale il Figlio dell'uomo è tradito! Sarebbe stato meglio se non fosse nato.*

E Giuda, che stava per tradirlo, rispose e domandò:

—Sono io, Rabbino?

Ed egli gli disse:

—*L'hai detto tu. Quello che hai intenzione di fare, fallo presto.*

Il traditore aveva già le informazioni che cercava, sapeva già che avremmo passato la notte nel Giardino del Getsemani. Giuda partì con l'intenzione di cercare i farisei e, in cambio di qualche moneta, di rivelare il luogo dove avrebbero potuto arrestare il Maestro. A questo punto eravamo tutti sospettosi di lui, e mentre se ne andava, c'era una falsa calma nella stanza al piano superiore.

Al termine della cena, secondo la tradizione, sono seguite alcune preghiere ed è stato fatto l'invito al profeta Elia ad accompagnarci. In questa occasione, però, con nostra sorpresa, il Maestro rimase in silenzio. Si alzò e, rompendo la tradizione, prese il pane, ringraziò, lo spezzò e ne diede un pezzo a tutti noi, dicendo:

—*Prendete e mangiatene. Questo è il mio corpo che darà se stesso per voi, chi mangia di questo pane vivrà per sempre e risorgerà nella gloria. Quando mangerete di questo pane, ricordatevi di me.*

Poi prese il calice e, dopo aver ringraziato, lo porse a Pietro e disse:

—*Prendetelo e condividetelo con gli altri. Questo calice è la Nuova Alleanza sigillata con il mio sangue che sta per essere versato per voi. Lasciate che tutti voi ne bevate. Ogni volta che mangiate di questo pane o bevete di questo calice, ricordatevi di me. Così annunceranno la mia morte fino al giorno del mio ritorno.*

Il silenzio regnò. Un senso di angoscia mi percorse tutto il corpo e mi scosse il cuore. Mi sentivo abbandonato, rattristato e silenzioso, ero attanagliato da una cupa disillusione, ero come un bambino che si sveglia nel buio e sente il vuoto della solitudine.

Vedendo l'angoscia dei suoi discepoli, il Cristo provò compassione e disse:

—*Figlioli miei, vi dico la verità: d'ora in poi non berrò più del frutto della vite fino a quando verrà il Regno di Dio. Il mio cuore trabocca di tristezza per avervi lasciato in questo mondo decaduto, dominato dal nemico di mio Padre, ma non vi lascerò soli.*

Gesù non li aveva mai chiamati "figlioli". Ma ora che si avvicinava il momento della sua dipartita, oltre ad essere fratello, maestro e amico, il Rabbino sentiva il peso della paternità del Padre.

—*Se mi amate e osservate i miei comandamenti, chiederò al Padre di mandarvi lo Spirito Santo perché vi aiuti sempre e stia con voi. Egli insegnerà loro qual è la verità. Non li lascerò soli; sarò di nuovo con voi. Tra non molto, la gente di questo mondo non sarà più in grado di vedermi. Ma voi mi vedrete, perché, anche se sto per morire,* *risusciterò e farò risuscitare anche voi. Quando ritornerò dove siete voi, vi renderete conto che il Padre ed io siamo uno. E anche tu ed io saremo una cosa sola. Fino a quel giorno, vi mando a predicare il Vangelo come pecore in mezzo ai lupi; siate dunque astuti come i serpenti e innocenti come le colombe.* Ma, soprattutto, guardatevi dagli uomini, perché senza motivo li consegneranno ai tribunali e li flagelleranno nelle sinagoghe; e saranno anche condotti davanti ai governatori e ai re per causa mia. Ma quando li consegneranno, non preoccupatevi di come o di cosa parlerete; poiché in quell'ora sarà dato loro ciò che direte. Perché non sarete voi a parlare, ma sarà lo Spirito del Padre vostro che parlerà per voi. La malvagità sarà così grande che il fratello consegnerà a morte il fratello e il padre il figlio; e i figli si leveranno contro i padri e li metteranno a morte. E saranno odiati da tutti a causa del mio nome, ma chi persevererà sino alla fine, sarà salvato. Quando vi inseguiranno in una città, fuggite* nell'altra; poiché in verità vi dico: non finirete di attraversare le città d'Israele prima del mio ritorno.

Non abbiate paura di coloro che uccidono il corpo, ma non possono uccidere l'anima; Piuttosto, temete colui che è in grado di distruggere sia l'anima che il corpo nell'inferno. Non si vendono due passeri per un quarto? Eppure nessuno di loro cadrà a terra senza il permesso del Padre. E anche i capelli sulla sua testa sono tutti contati. Quindi non temere; tu vali più di tanti uccellini. Perciò chiunque mi riconoscerà davanti agli uomini, anch'io mi riconoscerò davanti al Padre mio che è nei cieli. Ma chi mi rinnegherà davanti agli uomini, anch'io rinnegherò davanti al Padre mio.

Chi non prende la sua croce e non mi segue, non è degno di me. Chi ha trovato la sua vita la perderà; e chi ha perduto la sua vita per causa mia, la troverà. Chi accoglie voi accoglie me; e chi accoglie me, accoglie colui che mi ha mandato. Colui che riceve un profeta come profeta riceverà la ricompensa di un profeta; e chi accoglie un giusto come giusto, riceverà la ricompensa del giusto.

E chiunque, come discepolo, darà da bere anche solo un bicchiere d'acqua fresca a uno di questi piccoli, in verità io vi dico: non perderà la sua ricompensa.

—Maestro, tutto quello che ci hai detto sembrava molto bello, ma la verità è che non capivo quasi niente —disse Giacomo, il fratello di Giovanni.

—*Che barbarie! Dovrò mandare un fariseo per istruirli*[15].

—Lo Spirito di Dio è un fariseo? —chiese Tommaso con stupore.

—*Padre, rafforza la mia pazienza... Avremo tempo di commentare le mie parole durante il nostro cammino verso il Monte degli Ulivi. Pietro e Mateo, lasciate che ogni cosa*

---

[15] Profezia sul ministero di Paolo di Tarso.

rimanga al suo posto per non deludere Jadiel. Natanaele, vieni con me, vado a salutare mia madre.

    *   *   *

Maria, accompagnata da Marta e Maria, sorelle di Lazzaro, si trovava, secondo l'usanza, in una stanza su un lato del cenacolo che celebrava la Pasqua. Indossava una tunica di lino bianco che raccoglieva con una semplice cintura di tre fili di cuoio, un velo azzurro le copriva il capo e le ricadeva ondeggiante sulle spalle. I suoi begli occhi marroni contrastavano con il suo volto pallido, sembrava invecchiata dal dolore che sapeva attendeva suo figlio, da quello che era riuscita a sentire dall'altra stanza. Era assorta nei suoi pensieri mentre osservava diligentemente una spiga di grano. "A cosa sta pensando?", mi sono chiesto. Fu allora che ricordai le parole del Maestro: *"In verità, in verità vi dico: se un chicco di grano cade in terra e non muore, rimarrà solo; ma se muore, porterà molto frutto".*

Anche se il Maestro era pensieroso e triste, fece uno sforzo e, avvicinandosi a sua madre, allungò le braccia, le sorrise dolcemente, l'abbracciò e la baciò sulla fronte. Quando sentì l'abbraccio di suo figlio, il suo cuore batté di tenerezza e il suo viso si illuminò; un raggio di gioia rianimò il cuore della madre addolorata.

Con gli occhi che brillavano di gioia, Maria sedeva silenziosa e immobile. Sembrava che stesse pregando. Il Maestro non la interruppe, ma si prostrò accanto a lei, poi chinò il capo per posarsi sulle ginocchia di sua madre. Passarono alcuni secondi che mi sembrarono un'eternità, poi il Maestro le disse: *"Madre, sono venuta a prendere forza e consolazione da te. Ho solo te in questo mondo, tu sei la mia forza. In questi momenti di angoscia, sostenetemi con il vostro amore e le vostre preghiere, beneditemi che è giunta la mia ora".*

Maria pianse in silenzio, le lacrime lente le scivolavano lungo le guance e come stelle cadenti cadevano sul Maestro. Mise la mano sul capo del Rabbino per benedirlo, poi si chinò per baciarlo. Il Maestro sollevò il suo viso e lei se lo strinse al cuore. Nascondendo il suo dolore, Maria lo guardò negli occhi e disse: "Figlio mio, ti fa male respirare, non è vero? Fate coraggio, ricordate che sei il figlio del Padre vostro e come lui è pieno d'amore, lo sei anche tu. Vai, guarda e glorifica il Padre".

Il Maestro si alzò, Maria gli aggiustò il mantello, lui la baciò e la benedisse. Lei lo guardò teneramente e lo congedò dicendo: "Ci rivedremo presto, nel frattempo il mio cuore sarà al tuo fianco fino alla fine".

La seconda veglia della notte stava per iniziare quando lasciammo la stanza per il Giardino del Getsemani. Cantando salmi, camminavamo sotto l'argentea luce della luna che brillava su di noi. Mi tenni al centro della strada per paura dei serpenti. Quando Giovanni mi vide camminare con tanta cautela, chiese timoroso al Maestro:

—Rabboni, stiamo per attraversare l'orrido della valle del Cedron[16] e la strada è molto stretta e ci sono molti pericoli, e se non andiamo dove dici di voler andare? Possiamo andare a casa dei miei nonni, è molto grande e c'è posto per tutti.

---

[16] Il burrone della Valle del Cedron, che inizia a nord-ovest di Gerusalemme con una leggera depressione di circa 20 metri, raggiunge una profondità di 100 metri.

Ascoltando Giovanni, tutti noi sosteniamo la sua proposta. "Sì, andiamo con i nonni!", Giacomo gridò eccitato. "Vedrete che deliziosa colazione prepara la *savta*[17]".

—*Non vi preoccupate. Credete in Adonai e credete anche in me. Nella casa del Padre mio ci sono molti luoghi in cui vivere; se non lo fosse, non avrei detto loro che avrei preparato un posto per voi. E dopo avervi preparato un luogo, verrò di nuovo coperto di gloria, circondato da angeli che suonano le trombe per prendervi con me, affinché siate nello stesso luogo dove sarò io. Conoscete già il sentiero che porta dove sto andando.*

Pietro gli chiese: "Dicci, dove vuoi andare? Ti seguiremo".

—*Dove sto andando, tu non puoi seguirmi.*

---

[17] Nonna in aramaico.

—Io, Signore, andrò dappertutto con te, anche se fino alla morte.

—*A morte? Ti assicuro che prima che il gallo canti, mi rinnegherai tre volte.*

—Preferirei morire piuttosto che rinnegarti — rispose Pietro.

Stupito, Tommaso interrogò il Maestro:

—Signore, non sappiamo dove stai andando, come faremo a conoscere la strada? Non ho visto che hai mappe o indicazioni per trovare quel percorso.

Il Maestro rispose:

—*Io sono la via, la verità e la vita. È solo attraverso di me che si può raggiungere il Padre. Se conoscete me, conoscerete anche il Padre mio; e ora lo sapete, perché l'avete visto.*

—Rabbì, lasciaci vedere il Padre e ci basta —lo sfidò Filippo.

—*Filippo, sono con te da tanto tempo e ancora non mi conosci? Chi ha visto me, ha visto il Padre. Non pensate che io sia nel Padre e che il Padre sia in me? Le cose che dico loro non le dico da solo. Il Padre, che vive in me, è colui che compie le sue opere. In verità io vi dico: chi crede in me farà anche le opere che io faccio; e ne renderà altri ancora più grandi. E qualunque cosa chiederete nel mio nome, io la farò, per glorificare il Padre mio.*

—Hai accettato di spiegarci il messaggio che hai condiviso nel cenacolo. Come dobbiamo intendere queste parole se non abbiamo ancora compreso le precedenti? —domandò Tommaso.

—*Dimostrerete di amarmi, se osserverete i miei comandamenti. Come vi ho detto prima, non vi lascerò orfani, chiederò al Padre mio di mandarvi lo Spirito Santo, perché vi aiuti sempre e vi ricordi tutto ciò che vi ho insegnato. Tra non molto, la gente di questo mondo non sarà più in grado di vedermi. Ma voi mi vedrete, perché, anche se sto per morire, risusciterò e vi farò risorgere. Quando ritornerò dove siete voi, vi renderete conto che il Padre ed io siamo uno. E anche tu ed io saremo una cosa sola. Non preoccupatevi e non avete paura di ciò che accadrà presto. Io vi do la pace, la mia pace, che non è come quella che si desidera in questo mondo.*

—Per Hashem! Chi si rallegra quando muore un amico? —Pietro intervenne visibilmente sconvolto —. Quello che ci stai chiedendo non ha senso. Non mi interessa se mandi qualcuno a prendersi cura di noi, ti voglio bene, resta con noi —supplicò Pietro con le lacrime agli occhi e la voce rotta.

—Mio amato Pietro, sei sopraffatto dall'angoscia all'annuncio della mia morte e non ascolti le mie parole.

Sì, morirò, ma vi assicuro che ritornerò, vincerò la morte! Quindi non abbiate paura, credetemi sulla parola. Io sono la vera vite e il Padre mio ne è il coltivatore. Se uno dei miei tralci non porta uva, lo taglio; ma se produce uva, la pota e la pulisce, in modo che produca di più. Siete già purificati dalle parole che vi ho detto. Io sono la vite e voi i tralci. Chi rimane unito a me, e io unito a lui, porta molto frutto; perché senza di me non puoi fare nulla. Chi non rimane attaccato a me sarà scacciato e appassirà come i rami raccolti e bruciati nel fuoco.

—Non capisco, se siamo uniti a te, perché non possiamo venire con te? La vite non taglia i tralci — si chiedeva Santiago.

—*In questo momento, a causa della disobbedienza di Adamo ed Eva, viviamo sotto la maledizione, i cieli sono chiusi. Ricordate ciò che disse il profeta Abacuc? "Il prezzo del peccato è la morte". Non solo la morte fisica, ma anche la morte spirituale. Per poterli portare con me, devo prima vincere la morte. L'amore più grande che si possa avere è dare la vita per i propri amici. Voi siete miei amici, se fate quello che vi dico. Non li chiamo più servi, perché il servo non sa quello che fa il suo padrone. Vi chiamo miei amici, perché vi ho fatto conoscere tutto ciò che il Padre mio mi ha detto.*

—Che cosa dobbiamo fare mentre torni? —Pietro domandò angosciato.

—*Fate solo la volontà del Padre che vi ho insegnato, e questo è ciò che vi comando: che vi amiate gli uni gli altri.*

Sentendo il comandamento, Tommaso gli chiese in modo incisivo:

—Perché chiami l'amore e l'amicizia fratello e padre? Chi è il più vecchio dei due?

—*Come vi ho già detto, io e il Padre siamo uno. Questo vi fa pensare che io sono il Padre, eppure vi ho chiamati amici e questo vi confonde.*

—Anche a me confonde —intervenne Giacomo[18] pensieroso.

—*Sono venuto al mondo come un uomo; mi sento e soffro proprio come voi, per questo vi ho chiamati fratelli e amici. Tuttavia, vedete il firmamento, sembra imponente e non è niente, è solo una piccola parte della creazione. Al di là, dove finisce l'infinito, c'è il mondo spirituale, dove abita mio Padre. Egli è più antico dell'infinito e lungi dall'essere il più giovane dell'amicizia, perché Egli è il primo e il più grande amore.*

---

[18] Giacobbe.

In quel momento, il Maestro si fermò percependo la presenza del maligno che li inseguiva accovacciato come un ladro che ruba la luce del sole e disse loro:

—*Stiamo per arrivare al Giardino degli Ulivi, e non posso parlarvi di altre cose, perché il diavolo sta arrivando, è il principe di questo mondo. Egli non ha il potere di vincermi, ciò che farò è in obbedienza al Padre mio, affinché tutti sappiano che lo amo.*

Quando abbiamo sentito che il diavolo ci perseguitava, siamo rimasti tutti spaventati e in silenzio. Da quel momento in poi, abbiamo prestato molta attenzione a ciò che accadeva intorno a noi; Pietro impugnava la spada e Simone aveva affilato un paletto che usava come lancia. Qualsiasi movimento dei rami o la stridulazione dei grilli ci farebbe rizzare i capelli. Poco dopo aver camminato siamo arrivati al Giardino degli Ulivi, era già molto tardi ed eravamo esausti, così abbiamo acceso un fuoco e ci siamo sistemati a dormire. Ma il Maestro ci disse: *"Non addormentatevi, ma sedetevi qui accanto al fuoco, mentre io vado a pregare"*.

Il Rabbino fece qualche passo, si fermò un momento, poi con voce rotta chiese a Pietro, Giacomo e Giovanni di accompagnarlo. Poco distante c'era un ulivo molto vecchio, i cui rami danzavano accarezzati dalla leggera brezza notturna. Alla sua vista, un ricordo inumidì gli occhi del Maestro, che cominciò a diventare triste e molto angosciato. Si inginocchiò e, con la faccia a terra, alzò le braccia e disse una preghiera a bassa voce. Rimase in silenzio per qualche minuto, poi disse ai discepoli: *"Rimanete qui e vegliate con me, perché sento nell'anima la tristezza della morte"*. Poi alzò gli occhi al cielo e continuò a pregare.

—*Padre, l'ora è giunta, ed eccomi qui, tremante. Ti ho glorificato qui nel mondo, perché ho finito di insegnare ciò che mi hai affidato. Ora, dunque, dammi alla tua presenza la stessa gloria che avevo con te prima che esistesse il mondo. Ho fatto conoscere ai miei discepoli chi sei. Ho insegnato loro che tutti i miracoli che faccio vengono da te. Santo Padre, il mio tempo in questo mondo sta volgendo al termine* —il Maestro fece una pausa, sospirò, fece un respiro profondo e continuò—. *Prego per loro, prenditi cura di loro con il potere del tuo nome, ma prego non solo per loro, ma anche per coloro che crederanno in me quando ascolteranno il loro messaggio. Prego che tutti siano uniti; come tu sei in me e io in te, anch'essi sono in noi, perché il mondo creda che tu mi hai mandato.*

Dondolandosi secondo la tradizione dei suoi padri, il Maestro rimase inginocchiato in preghiera.

Dopo aver meditato per alcuni minuti, l'uomo Gesù tornò ai suoi in cerca di compagnia e conforto.

Quando vide i discepoli dormire, fu così sorpreso che la sua bocca era aperta. Triste e desolato, camminava con la faccia rotta, alzava le braccia, si fregava le mani, era sul punto di piangere.

—*Oh, Padre, guardali dormire, sono lontani dal capire che è giunta la mia ora, non hanno potuto accompagnarmi nella preghiera nemmeno per un'ora. Mi hanno lasciato solo, dormono, e io li amo ancora.*

Le stelle ascoltavano le preghiere del Messia e scintillavano, come lucciole che dicevano: "Non siete soli, noi siamo qui con voi". Rassegnato alla solitudine, il Maestro si ritirò ancora una volta a pregare. Sapeva che nessuno era in grado di adempiere la legge di Mosè e che egli, per amore del Padre, era venuto nel mondo per adempiere le esigenze della legge, per vincere la morte e per soffrire per i peccati di tutta l'umanità. Da un solo uomo, Adamo, il peccato e la maledizione caddero su tutta la sua progenie, ora, grazie all'obbedienza di un solo uomo, Gesù Cristo, l'umanità sarebbe stata redenta. Non commettendo alcun peccato, l'inferno non sarebbe stato in grado di trattenere il Maestro, e la morte sarebbe stata vinta, i cieli sarebbero stati aperti alla vita eterna. Il prezzo della nostra redenzione è stato molto alto, poiché il peccato si paga con la morte. Il prezzo della nostra libertà non sarebbe coperto d'oro o d'argento, ma di sangue e di molta sofferenza. Il Rabbino sapeva cosa lo aspettava e come uomo non voleva soffrire, ma scelse di obbedire al Padre e si diede volentieri come sacrificio espiatorio[19].

---

[19] La rimozione della colpa o del peccato attraverso una terza parte.

Ancora una volta, Gesù si allontanò un po' dai discepoli, si inginocchiò e pregò Dio. Mentre pregava, si sentì molto angosciato e cadde a terra dolorante. Portava i peccati del mondo e, approfittando della sua pigrizia, il nemico lo tentò a rinunciare alla croce. Gesù Cristo cominciò a tremare, pregava con grande fervore; un sudore di sangue sgorgò dal suo corpo così abbondante che colò a terra. In agonia, si udì un grido in tutto il Giardino del Getsemani:

—Padre, liberami da questa sofferenza! Ma non accada ciò che io voglio fare, ma sia fatta la tua volontà. Il mio cuore è turbato dentro di me. La mia anima è come l'acqua che cade sulla sabbia e si perde all'estremità della terra: ascoltami presto, o Signore, il mio spirito è debole. Abbi pietà di me, non distogliere lo sguardo da me! Ti chiedo solo di non abbandonarmi, dammi la tua forza per compiere la missione che mi hai assegnato!

La preghiera del Rabbino raggiunse il trono della grazia, e un angelo fu inviato per rafforzare e confortare il Maestro. All'improvviso si udì una tromba in cielo e apparve un angelo che portava una spada fiammeggiante. Con voce imperiosa disse al nemico: "Nel nome dell'Altissimo vi dico: ritiratevi, qui non avete né parte né sorte". Dopo aver rimproverato il demone, si inginocchiò accanto al Maestro e rimase in silenzio.

Gesù, il Figlio di Dio, era addolorato, di fronte alla sua fragilità umana, cioè alla carne. La sua preghiera e la sua obbedienza alla volontà del Padre furono esaudite. Ricevette ciò di cui aveva bisogno, la forza e il conforto di un angelo che lo aiutasse a navigare nella valle della morte che lo avrebbe condotto al Calvario.

* * *

Era già passata la mezzanotte quando si udì una folla e il colore giallastro delle torce annunciò l'arrivo di Giuda accompagnato dai malfattori che erano venuti a catturare il Messia. Si avvicinava il doloroso momento della separazione. Gesù si aggiustò la tunica, si passò le dita tra i capelli, fece un respiro profondo e, avvicinandosi ai suoi amici, svegliò Pietro, Giacomo e Giovanni e annunciò loro:

—*L'ora è giunta: il Figlio dell'Uomo deve essere consegnato nelle mani dei peccatori: chi mi tradisce è vicino.*

Aveva appena finito di dire questo, quando Giuda apparve alla testa di una truppa di uomini armati che i sacerdoti gli avevano dato per eseguire il suo tradimento.

Giovanni, che già sapeva che Giuda era il traditore, lancia uno sguardo doloroso a Pietro, il quale, con un'espressione furiosa, come se ruminasse dentro di sé con pensieri acuti, gli grida con voce rauca e grave rotta dalle lacrime: "מגושם, se mi avessi detto, gli avrei trafitto l'anima con la mia spada!". Giovanni abbassò lo sguardo e tacque.

Giuda si era accordato con le guardie come segno per catturare la persona che aveva baciato. Così andò immediatamente dal Maestro e gli disse:

—Dio ti protegga.

Il Figlio di Dio gli rivolse queste parole:

—*Amico, qual è lo scopo che ti porta qui?*

In quel momento Giuda ebbe l'opportunità di pentirsi, ma il suo cuore si indurì, e né la dolcezza delle parole né la gentilezza del Maestro che gli aprì le braccia pacificamente lo mossero a compassione e lo baciarono.

—*Tu, Giuda, mi consegni al sacrificio con un bacio?*

—Smettila di fare domande e dicci il tuo nome —rispose minaccioso il capo del gruppo di malfattori.

—*Io sono Gesù di Nazareth.*

Quando udirono il nome del Figlio dell'Altissimo, caddero tutti all'indietro. Vedendoli cadere, il Maestro cominciò ad aiutarli a rialzarsi, dicendo:

—*Non abbiate paura, avete sperimentato il calore dello Spirito Santo. Fate il vostro dovere, sono nelle vostre mani.*

La folla non capiva quello che aveva vissuto, si tolse la polvere di dosso e prese il Rabbino per le spalle.

—Chi stanno cercando?

—Abbiamo già trovato quello che cerchiamo, toglietevi di mezzo, lo porteremo in prigione.

Pietro, che era del temperamento più corrosivo e violento di tutti, estrasse una spada che aveva nascosto nella tunica e tagliò l'orecchio a Malco, il servo del sommo sacerdote. Ma il Maestro condannò questa violenza, lo guarì sul posto e disse a Pietro e agli altri che, se avesse voluto sbarazzarsi di quella gente con la forza, suo Padre gli avrebbe mandato due intere legioni di angeli a difenderlo. Rivolgendosi poi ai soldati, aggiunse:

—*Perché non mi hanno fatto prigioniero nel Tempio, dove sono stato visto spesso? Perché vengono ad arrestarmi nel cuore della notte come se fossi un ladro?*

—Stai zitto! —il capo degli empi comandò.

Quando quelli mandati dal Sinedrio videro Gesù legato, lo schernirono senza pietà e lo picchiarono. Lo spinsero in casa di Anna, suocero di Caifa, sommo sacerdote. Anna ordinò che fosse portato davanti al Sinedrio per condannare a morte colui che consideravano un falso Messia.

Caifa guardò il Maestro dall'alto in basso e dispoticamente cominciò a chiedergli dei suoi discepoli e di ciò che insegnava.

—*Perché me lo chiedi? Ho parlato davanti a tutti. Ho sempre insegnato nelle sinagoghe e nel tempio e non ho mai detto nulla in segreto. Chiedete ai vostri che mi hanno ascoltato. Ti diranno quello che ho detto.*

Sentendo la risposta del Maestro, una delle guardie gli diede un pugno in faccia e disse:

—Non è questo il modo di rispondere al sommo sacerdote!

Il Rabbino tollerò l'umiliazione e rispose:

—Se ho detto qualcosa di sbagliato, dimmi di cosa si trattava. Ma, se quello che ho detto è giusto, perché mi stai picchiando?

Caifa era accecato dal suo odio per il Maestro, così gli tese una trappola chiedendogli:

—Gesù di Nazaret, figlio di Giuseppe, tu hai infranto la legge. È vero che vai in giro a pretendere di essere il Figlio di Dio?

—Certamente.

All'udire ciò, Caifa si stracciò le vesti e disse:

—Ha bestemmiato, che bisogno abbiamo di testimoniare, dopo quello che ha detto con la sua bocca? Merita la morte!

I capi dei giudei non avevano l'autorità di uccidere Gesù, così decisero di portarlo davanti a Ponzio Pilato, che avrebbe potuto condannarlo a morte. Il Maestro era carico di colpi e di oltraggi; gli hanno sputato in faccia e alla fine è stato portato al pretorio[20] per essere condannato a morte.

Nel frattempo Pietro, che seguiva il Maestro da lontano, per ingannare la sua presenza, si sedette a scaldarsi davanti a un fuoco in compagnia di soldati. Vedendolo, uno schiavo lo riconobbe e lo accusò, dicendo:

—Tu sei un seguace del Nazareno, ti ho visto con lui.

Pietro, tremante di paura, lo negò in presenza di tutti. Ma un'altra schiava affermò in tribunale ciò che la prima aveva detto; e protestò di nuovo giurando di non sapere chi fosse quell'uomo. Infine, altri affermarono di averlo visto con il Maestro nell'Orto degli Ulivi. Quando Pietro seppe che lo accusavano,

---

[20] Nel Nuovo Testamento, il pretorio è il nome dato alla residenza del procuratore della Giudea, Ponzio Pilato, a Gerusalemme.

si arrabbiò e cominciò a protestare e a giurare che non sapeva di chi stessero parlando.

In quel momento il grido e lo sguardo del Maestro che veniva portato al pretorio incontrarono quello di Pietro.

Mosso dal rimorso e sentendosi in grande colpa, Pietro corse senza fermarsi mentre un fiume di lacrime gli sgorgava dagli occhi.

Davanti a Pilato, i capi dei Giudei accusarono Gesù di aver insegnato al popolo a disobbedire alla legge romana, e la cosa più grave fu che egli pretendeva di essere il re dei giudei. Dopo aver interrogato il Maestro, Pilato concluse che era innocente, ma quando vide l'ostinazione nel volere la sua morte, propose, secondo l'usanza, di liberare un prigioniero durante la festa di Pasqua, così chiese:

—Chi volete liberare, il Nazareno o il famigerato ladro Barabba?

Gli ebrei furiosi gridarono che Barabba fosse liberato e che il Rabbino fosse crocifisso. Pilato, per sedare la ribellione che aumentava di giorno in giorno, ordinò che gli fosse portato un secchio d'acqua e, in segno di innocenza, se ne lavò le mani. Affermò di non essere responsabile della morte di Gesù. I loro spiriti furono eccitati e tormentati dal posatoio dei Giudei, la plebaglia gridò in preda alla frenesia:

—Crocifiggilo, saremo responsabili della sua morte.

Di fronte all'inevitabile, Pilato alzò le braccia chiedendo silenzio e ordinò ai suoi soldati di crocifiggere Gesù, abbandonandolo all'ira di quei carnefici.

Mentre il Maestro veniva umiliato, il traditore che lo aveva consegnato ai suoi nemici, vedendo gli effetti disastrosi del suo crimine, corse dal sommo sacerdote e dagli anziani, dicendo:

— Ho peccato tradendo un uomo innocente.

Facendogli cenno con la mano di ritirarsi, uno degli scribi rispose dispoticamente:

— Che ce ne importa? Dipende da te, ti abbiamo già consegnato, ti abbiamo già pagato.

Di fronte al rifiuto dei dottori della legge, Giuda gettò i trenta denari d'argento, pagamento per il suo tradimento, in mezzo al tempio. Incapace di sopportare l'angoscia e la disperazione, si strappò i vestiti per farne una corda. Cercò un albero, che si trovava sull'orlo di un burrone, e, gettando la corda su uno dei rami, se la mise al collo e si gettò nel vuoto. Tuttavia, il ramo non riuscì a reggere il peso e, spezzandosi, il suo corpo si frantumò contro il fondovalle.

Nel frattempo il Maestro era nelle mani di quei malvagi bestemmiatori che offendevano il Figlio di Dio; il quale, invece di compatire lo stato miserabile in cui lo avevano posto le guardie, aggiunse la beffa alla crudeltà, lo trascinò in un sotterraneo del pretorio. In quel luogo di terrore, i soldati picchiarono Gesù con fruste che avevano pezzi di osso e metallo alle estremità. Ogni colpo strappava un pezzo di pelle all'umanità del Santo d'Israele. Poi gli misero sulle spalle una veste di porpora e in mano una canna. Spinsero senza pietà una corona di spine sulla testa del Maestro e, mentre affondavano i loro pungiglioni nella sua carne, lo deridevano e gli sputavano addosso.

Davanti allo scettro e alla veste regale del nuovo Re dei Giudei, si inginocchiarono e lo salutarono come tale, dandogli terribili schiaffi uno dopo l'altro. Pilato, vedendo lo stato deplorevole del Maestro, e desiderando liberarlo su richiesta di sua moglie, poiché temeva le conseguenze dell'uccisione di un uomo innocente, cercò di placare i loro spiriti mostrando loro il volto sfigurato del Nazareno. Avendolo esposto alla vista di tutti, disse loro: "Ecce Homo[21]". Tuttavia, non soddisfatti dell'umiliazione, tutta quella gente, istigata dai farisei, gridò perché fosse crocifisso.

Non volendo fomentare una rivolta, Pilato pronunciò infine la sentenza di morte, lasciando il Maestro nelle mani del popolo, nonostante lo avesse dichiarato innocente. A Iulio Gaio Cassio Longino[22],

---

[21] Ecco l'uomo.
[22] Libro: *Il centurione della croce e della spada.*

centurione e comandante della compagnia augustea, fu assegnato un compito così infame. Il centurione era un uomo dall'aspetto forte, più alto della maggior parte degli uomini e irascibile. Aveva un'espressione delusa.

Il caldo sole del deserto aveva lasciato solchi sul suo viso. Denotava una ferma determinazione e quell'aggressività senza la quale non era possibile sopravvivere sul campo di battaglia.

Iulius, conoscendo l'importanza dell'incarico assegnatogli, andò alla ricerca di Eitan, un rozzo falegname che viveva fuori dalle mura di Gerusalemme. Quando Iulius vide l'ebanista modellare un cipresso, gli chiese:

—Salve, Eitan, stai costruendo un albero?

Al che il falegname rispose:

—Non so cosa sto facendo, ho sognato che un collega falegname me lo chiedeva —rispose dubbioso l'artigiano.

Stupito, il centurione gli ordinò:

—Taglia un pezzo della punta e forma una croce, su questo albero penderà un Nazareno.

Il Maestro fu spogliato della sua veste di porpora e, portando la croce sulla quale doveva soffrire, si mise in cammino verso un luogo fuori delle mura di Gerusalemme chiamato Golgota, che significa "il luogo del cranio". Con il cuore sanguinante, i piedi ammaccati dalla strada acciottolata e il corpo piegato dal peso della croce, ogni passo era una vittoria. Era già molto stanco per lo spaventoso stress delle ore precedenti: l'agonia nell'Orto degli Ulivi, il trattamento selvaggio che aveva ricevuto nel palazzo del sommo sacerdote, l'umiliazione e la terribile flagellazione amministrata dall'ordine di Pilato, lo avevano indebolito a tal punto che riusciva a malapena a muoversi sotto il peso della croce. Un respiro doloroso e un debole gemito soffocato accompagnarono le gocce di sangue che gli scorrevano lungo la fronte. Il sanguaza emulava l'olio dell'unzione, che scendeva dalla testa alla barba di Aronne quando fu consacrato al servizio del Signore.

I soldati, impazienti di raggiungere il Golgota, lo percuotevano con una frusta di cuoio intrecciato, ma vedendo che la punizione non faceva che indebolire il Maestro, chiamarono un contadino per aiutarlo a portare la croce. L'abitante del villaggio sorpreso che era appena arrivato a Gerusalemme, di nome Simone di Cirene, era un uomo forte, eppure cadde tre volte sotto il peso della croce.

La plebe che accompagnava i carnefici era per lo più curiosa e sadica. Si facevano beffe e si rallegravano della sofferenza del Nazareno. Tuttavia, non era tutto male e tra coloro che lo vedevano passare, c'erano donne che piangevano ad alta voce e si lamentavano del destino verso cui era diretto. Il Maestro era rimasto in silenzio di fronte all'ingiusta inquisizione del Sinedrio, silenzioso durante l'umiliante derisione, e muto quando era stato picchiato e schiaffeggiato; ma ora si rivolse alle donne, i cui lamenti giunsero alle sue orecchie, e pronunciò queste parole di avvertimento:

—*Figlie di Gerusalemme, non piangete per me. Piuttosto, piangete per voi stessi e per i vostri figli. Perché verrà il tempo in cui la gente dirà: Beate le donne che non possono avere figli! Beate quelle che non sono mai diventate madri e non hanno mai avuto figli da sfamare! Queste persone vorranno che una montagna cada su di loro e li uccida.*

Infatti, se io, che non ho fatto nulla di male, vengo ucciso in questo modo, che cosa non accadrà a coloro che fanno il male?

Arrivati al Calvario, secondo l'usanza, gli offrirono una bevanda di vino acido mescolato con mirra per stordirlo, ma quando la coppa fu presentata al Maestro, egli la portò alle labbra, ma rifiutò di bere, mostrando così la sua determinazione ad affrontare la morte con mente lucida.

I carnefici spogliarono il Maestro delle sue vesti e affondarono senza pietà la sua corona di spine più in profondità nell'osso. Mentre si prostrava sull'albero, schegge e pezzi di corteccia si conficcarono nella schiena del Maestro. La punizione era intensa e dolorosa, infliggendo profonde lacerazioni alle fistole lasciate dalle frustate, provocando notevoli perdite di sangue. Poi, mentre il Messia si contorceva dal dolore, i soldati stesero le braccia per inchiodarlo. Gli aprirono le mani e, usando chiodi forgiati, le inchiodarono al patibolo[23]. I soldati eseguirono il loro crudele compito con molta bruschezza e insulti, perché dopo tutto il loro compito era quello di uccidere. Il Maestro, pieno di pietà, in spirito di misericordia divina, pregò: "Padre, perdona loro, perché non sanno quello che fanno". Poi, per ordine di Pilato, fu apposto sulla croce un cartello scritto in greco, latino ed ebraico, che annunciava: "Gesù di Nazaret, Re dei Giudei".

Con l'aiuto di quattro corde, i carnefici sollevarono la pesante croce e la gettarono in un pozzo. Mentre il legno cadeva, il suo corpo rabbrividì fino al midollo delle sue ossa stanche. Impiccato il Maestro stava per morire per asfissia,

---

[23] Il legno orizzontale.

così i carnefici lo sollevarono per farlo respirare e, per sostenerlo, gli inchiodarono i piedi alla croce.

Secondo l'usanza romana, gli abiti che indossava erano il bottino dei carnefici che si dividevano le vesti, tirando a sorte per determinare chi ne sarebbe appartenuto. In questo modo si adempirono le parole del salmista: "Si divisero fra loro le mie vesti e tirarono a sorte le mie vesti".

I soldati scherzavano tra loro e insultavano il Messia, brindando alla sua salute e, ispirati dal diavolo, gli dissero: "Se sei il re dei Giudei, salva te stesso".

La folla che lo vide sulla via del Calvario lo insultò scuotendo il capo e dicendo: "O tu, che hai detto che avresti demolito il tempio di Dio e lo avresti ricostruito in tre giorni, salva te stesso e scendi dalla croce". I due malfattori che erano stati crocifissi al fianco del Maestro digrignavano i denti. Uno di loro, disperato, ripeté gli insulti della folla: "Se tu sei il Messia, salva te stesso e noi". Il ladro di destra, noto come Gesta, lo insultò duramente, ma l'altro, Disma, fu in grado di riconoscere la sua colpa e accettò la punizione che gli era stata inflitta per i suoi crimini e peccati. Ma non è tutto. Al momento della tortura, mentre ognuno era solo con il proprio dolore e rimorso, rimproverò Gesta dicendo:

—Subisci la stessa condanna e non temi Dio? Quello che soffriamo è giusto, perché stiamo ottenendo ciò che le nostre azioni meritano, ma lui non ha commesso alcun crimine—. Imbarazzato e incapace di guardare il Maestro negli occhi, lo supplicò:

—Ricordati di me quando verrai nel tuo regno.

Il Maestro rispose con una promessa che solo Lui poteva capire:

—*In verità oggi vi dico: sarete con me in paradiso.*

Gesta era un predatore e un assassino, che massacrava i passanti, torturava gli anziani e le donne, tagliava loro il seno, beveva il sangue dei bambini e si compiaceva del male che faceva, senza rispetto per gli uomini e per Dio. Disma veniva dalla Galilea e possedeva un albergo. Rubava ai ricchi, ma faceva anche molte elemosine e aiutava i bisognosi.

Tra coloro che assistettero a questa tragedia ce n'erano alcuni che erano venuti pieni di tristezza e compassione. Maria pregava e tremava, riusciva a malapena a stare in piedi accanto alla croce, afflitta con una mano sul cuore come se avesse ricevuto una puntura, e con l'altra si aggrappava al braccio di Giovanni che piangeva in silenzio. Inoltre, Maria, moglie di Cleofa, e Maria Maddalena accompagnarono Maria nel suo dolore. Giovanni, il più giovane dei discepoli, fu l'unico che non fuggì in clandestinità. Gli occhi del Maestro avevano già perso il loro splendore, e nell'ombra poteva vedere con tenera compassione sua madre piangere accanto a Giovanni. Poi, con grande sforzo, la affidò alle cure del discepolo amato con queste parole:

—*Donna, ecco tuo figlio*—. E a Giovanni: —*Ecco tua madre.*

Gesù fu inchiodato alla croce all'ora terza del venerdì. All'ora sesta la luce del sole si oscurò e una fitta nebbia si diffuse su tutta Gerusalemme. Il profondo lamento della terra per l'imminente morte del suo Creatore causò fitte tenebre.

All'ora nona si udì un forte grido. Era la voce del Maestro che gridava a Suo Padre:

—*Eli, Eli, lama sabachthani?*

Il Cristo morente era solo nella realtà più terribile, affinché il sacrificio supremo del Figlio potesse essere consumato in tutta la sua pienezza; il Padre lo ha lasciato a combattere da solo contro le forze del peccato e della morte.

—*Ho sete.*

Uno dei presenti inzuppò una spugna in una vicina tazza di aceto e, posta la spugna sull'estremità di una canna, la portò alle labbra febbrili del Signore. Altri interruppero questo atto di compassione e gridarono: "Smettila di fare questo, vediamo se Elia viene a liberarlo".

Con tutto il corpo coperto di sangue e di sudore per l'agonia, il Maestro si rese conto che il Padre aveva accettato il Suo sacrificio espiatorio e che la missione nella carne aveva raggiunto un glorioso compimento. Disprezzato e rifiutato tra gli uomini, l'uomo dei dolori, sperimentato nella rottura, esclamò a gran voce il sacro trionfo:

—*Consummatum est.*

Poi, con riverenza, rassegnazione e sollievo per aver sofferto tutto per i suoi fratelli e per aver coperto le nostre miserie con il suo sangue, si rivolse al Padre suo, dicendo:

—*Padre, nelle tue mani consegno il mio spirito.*

Chinò il capo, riconoscendo che il corpo appartiene all'uomo e l'anima a Dio, e diede volontariamente la sua vita.

Il Figlio dell'Altissimo, il Redentore del mondo il cui regno non avrebbe avuto fine, Colui che era la Vita, era morto e tutta la creazione gemeva. Il sole si eclissò e il cielo si coprì di tenebre, la terra tremò violentemente e le rocce si spaccarono. Una cortina del tempio che separava il luogo santo dal sancta sanctorum era divisa in due. I sepolcri furono aperti e i morti risuscitati; Un grido straziante si udì a Gerusalemme: il figlio della promessa della casa di Davide era morto.

In quel momento il cuore del centurione tremò e, pieno di paura, confessò:

—In verità, questo era il Figlio di Dio!

I malvagi che poco prima avevano crudelmente insultato il Maestro, si strapparono le vesti e si coprirono di sacco in segno di pentimento per aver commesso una grande aggressione contro l'Altissimo.

Tornò la calma, e l'eco del tuono aprì la strada, e le nuvole sfondarono l'oscurità. Lo splendore del sole ravvivò la speranza del centurione. La sera, secondo l'usanza ebraica, il Sinedrio ordinò che le gambe dei crocifissi fossero spezzate per causarne la morte. Ma quando fu il turno di Gesù di Nazaret, il centurione gridò a gran voce:

—Aspetta, ci penso io!

Prendendo una lancia tra le mani, la conficcò con forza nel costato di Gesù, trafiggendogli il cuore. Tuttavia, con sua grande sorpresa, mentre rimuoveva la lancia dal corpo del Redentore, un'enorme quantità di acqua e sangue sgorgò, bagnando il volto del centurione. Il soldato, stupito, lasciò cadere la lancia e, coprendosi il volto con le mani, esclamò:

—*Vae victis!* So da chi devo scappare, ma non so chi dovrei seguire.

Giuseppe, nativo della città di Arimatea, che era il fratello minore di Ioiachin, padre di Maria, ottenne da Pilato il permesso di deporre il corpo del Maestro dalla croce. Quando Nicodemo lo seppe, senza timore di rappresaglie da parte dei suoi compagni del Sinedrio, si offrì di unirsi a Giuseppe per seppellire colui che aveva silenziosamente accettato come suo Maestro. Scendere al Cristo non era un'impresa facile, il bosco era alto più di quattro metri. Usando pezzi di legno delle croci usate per sollevare altri condannati, costruirono due scale che potevano a malapena sostenere una persona. Per prima cosa, usando un piede di porco, liberarono i piedi dalla croce. Poi posero le scale l'una di fronte all'altra sulla traversa e salirono tra lo stridulo scricchiolio dei gradini e la flessione delle fragili tettoie.

Tra i due riuscivano a malapena a schiodersi le mani, era difficile trattenerlo, poiché il corpo era inzuppato di sudore e sangue. Con un panno di lino improvvisarono una barella e molto lentamente si abbassarono verso il Maestro. A tre passi c'era sua madre. Un braccio pendeva dal lenzuolo e Maria, tremante e ansimante, riuscì finalmente a toccare la mano del figlio. Alla sensazione del freddo della sua pelle impallidì, e per un attimo il battito del suo cuore tacque. Sforzandosi di superare il dolore lancinante che le spezzava l'anima, la madre di Cristo aprì le braccia e lo accolse sul suo petto.

Vedendola svanire, Giovanni e Maria Maddalena la aiutarono silenziosamente a sostenere il suo corpo e lentamente, appoggiando la schiena all'albero, la madre sconsolata scivolò fino a cadere seduta ai piedi della croce. Teneva in grembo il corpo del Redentore e non ce la faceva più e il silenzio che aveva conservato nel cuore per tanti anni affiorava nella sofferenza. Ella ondeggiava, gemeva tra un sospiro e l'altro e, coperta di lacrime, alzò gli occhi al cielo, confessò:

—Ecco la serva del Signore che porta il peso del Dio vivente...

*   *   *

Il robusto centurione, montato su una magnifica acetosa, era vigile. Qualunque cosa stesse accadendo, doveva compiere la sua missione, doveva far rotolare la pietra dalla tomba e suggellare il destino del Nazareno, il presunto redentore.

Un gruppo di farisei era malintenzionato riguardo al fatto che il corpo di Gesù fosse stato rubato, così si coprirono il volto con il tallit e rimasero vigili. Cercando di calmare le acque, Giuseppe d'Arimatea ci fece cenno di stare zitti, così facemmo qualche passo di lato per lasciare Maria sola con il suo amato figlio.

Sentivamo un mormorio, non so se una preghiera o un lamento, ma sembrava un canto angelico. Al di là della morte, al di là del dolore, ci sono immagini così belle da trascendere le parole. Quando ho visto Maria accarezzare il volto del figlio senza vita, ho rabbrividito e ho sentito nel mio cuore l'amore incondizionato di una madre.

Passarono alcuni minuti e Nicodemo si asciugò le lacrime. Con un groppo in gola ci ricordò che il pomeriggio cominciava a scurirsi. Egli sottolineò che la Legge di Mosè stabiliva che nessun cadavere, indipendentemente da come fosse morto, doveva essere esposto durante la notte, ma doveva essere sepolto lo stesso giorno per non inquinare la terra. Ci guardammo tutti con la coda dell'occhio, perché nessuno osava mettere a disagio Maria.

—Chi può consolare il dolore di una madre? Un solo figlio, Giovanni, tocca a te aiutare Maria a fare l'amaro passo della separazione —disse Nicodemo.

—Io? —domandò l'amato discepolo.

—Vai avanti, parla con tua madre, devi seppellirla prima che il sole tramonti —lo incoraggiò Giuseppe.

—Mia madre... Maria è mia madre? —domandò Giovanni stupito.

—Hai intenzione di negare il desiderio del cuore del Maestro? Te l'ha data —chiese Giuseppe.

—Non rinnegherò mai il mio Signore! —*Mio Dio, abbi pietà di me, perché sono molto angosciato. Perdonami, il dolore di vederti crocifisso mi ha annebbiato la mente, indebolito i miei occhi, la mia anima e il mio corpo. Com'è doloroso rendersi conto che non ti rivedrò mai più!* —Aspetta qui, le parlerò.

Il giovane discepolo si sedette accanto a Maria e senza dire una parola l'abbracciò, mescolando le sue lacrime alle sue; lei chiuse gli occhi e lui la baciò sulla fronte. Dopo un po' le disse: "Madre, è giunta l'ora".

Strinse a sé il Maestro con l'esitazione dell'addio e lo baciò. Allora Giovanni fece un segno, Giuseppe e Nicodemo si avvicinarono alla croce e stesero un mantello di lino. Presero Gesù per le spalle e per i piedi e lo misero sul lenzuolo. Tuttavia, per quanto ci provassero attentamente, il peso della corona scivolò sul volto del Maestro. Una lunga spina acuminata trafisse il sopracciglio destro, trafiggendo l'occhio del Redentore. Quando Maria vide ciò che era accaduto, esclamò: "Ah, dov'era lo splendore del suo sguardo un tempo vivo e tenero! Mio figlio, che è amato fino a dopo la morte, è umiliato..." Senza pensarci, Giovanni, spronando le mani, prese la corona e se la tolse dalla testa. Non sapendo cosa farne, lo pose alla base della croce.

Approfittando della confusione, Jerahmeel, un prestigioso scriba che si trovava con i farisei, approfittando della confusione e dei singhiozzi, in un impeto di rabbia prese la corona di spine, nascondendola tra le pieghe della veste e si ritirò con passo furtivo.

Molto vicino al Golgota c'era un giardino alla periferia di Gerusalemme, che era stato estratto artificialmente dal monte Moria. Accanto c'era un luogo, una formazione naturale che da due angolazioni ha l'aspetto di un teschio. Al centro del giardino una grande cisterna raccoglieva l'acqua piovana d'inverno, che serviva per innaffiare le piante d'estate. Giuseppe d'Arimatea fece scavare una tomba nel muro, che aveva come porta un'enorme roccia rotolante.

Seguendo la tradizione ebraica e con la meticolosa perfezione dei farisei, Giuseppe e Nicodemo lavarono il corpo del Maestro con acqua di sorgente, poi lo unsero con olio, lo unsero con profumi e mirra, gli pettinarono i capelli e la barba, gli chiusero gli occhi e, dopo averlo avvolto in una veste di lino fine, lo deposero nel sepolcro.

Posandosi il tallit sul capo, Nicodemo pregò:

—O custode d'Israele, che non dormi né riposi, noi siamo il popolo del tuo pascolo e le pecore della tua mano. Avvolgici al sicuro nel tuo amore. E se nel nostro dolore e nella nostra solitudine e nei momenti di desolazione ci allontaniamo dal seguirti, non lasciarci, fedele custode, ma avvicinati a te[24].

Quando finì di pregare, ci vollero dodici uomini per far rotolare la pietra che sigillava la tomba. I farisei andarono a supplicare Pilato di mettere delle guardie intorno al sepolcro, poiché il Nazareno si era vantato che sarebbe risorto tre giorni dopo la sua morte. Temevano che i suoi seguaci avrebbero

---

[24] Antica preghiera funebre ebraica.

rubato il corpo, per far credere al popolo che il presunto impostore fosse risorto.

Pilato non voleva che ci fossero disordini durante la Pasqua ebraica e acconsentì alla supplica dei farisei, così misero delle guardie a guardia della tomba.

Il terzo giorno un gran terremoto scosse la terra e un angelo del Signore scese dal cielo e rovesciò la pietra che cingeva il sepolcro. Lo splendore del suo volto era così forte e le sue vesti così bianche come la neve, che le guardie caddero a terra terrorizzate.

Quelli che riuscivano dolorosamente ad alzarsi corsero a raccontare tutto quello che avevano visto. Quando i farisei seppero l'accaduto, decisero di corrompere le guardie per farle dire che, mentre dormivano, i seguaci avevano rubato il cadavere.

Tutti noi osserviamo lo *Shabbat*, e la domenica molto presto, quando i galli facevano a gara per l'annuncio del giorno, la speranza spingeva le donne alla tomba. Maria Maddalena, la donna che il Maestro aveva guarito, fu la prima a raggiungere l'orto del sepolcro. Tuttavia, fu sorpresa di vedere che la pietra non copriva l'ingresso. Impaurita e tremante, si avvicinò e quasi svenne quando si rese conto che il corpo del rabbino non era nella tomba. "Dov'è il Maestro? Chi avrebbe potuto spostare la pietra della morte?", si chiese.

Nel frattempo la donna non voleva lasciare il sepolcro che bagnava con le sue continue lacrime, e fu allora che sentì un lampo di luce colpirle gli occhi. Spaventata, voleva scappare, gridare, ma una paura reverenziale in amore glielo impedì, e udì una voce che le diceva:

—La pace sia con te. So che stai cercando Gesù, il crocifisso. Perché cerchi tra i morti colui che è vivo? Il tuo Maestro è risorto! Va' in Galilea, terra di speranza, e là lo troverai —proclamò l'angelo coperto di luce.

Maria si coprì il volto per cercare di mitigare la luce e poter vedere il volto dell'angelo, tuttavia, in quel momento, Gesù la chiamò per nome. Quando lo sentì, si gettò ai suoi piedi per baciarli. Poi volle abbracciare il suo Maestro, ma quando il Signore gli disse di non toccarlo, perché non era ancora asceso al Padre, gli ordinò di andare a raccontare ai suoi discepoli ciò che aveva visto.

Confusa ma piena di speranza, Maria corse a dire ai seguaci del Maestro che un angelo le aveva annunciato che il Signore Gesù era vivo! E che lei stessa lo aveva appena visto in un corpo glorificato.

Sentendo questo, Pietro e Giovanni si emozionarono e corsero al sepolcro. Quando arrivarono, trovarono solo il mantello con cui Gesù era stato avvolto, ma con loro sorpresa il corpo non c'era. Sconcertati, non sapendo cosa fare, tornarono al cenacolo con gli altri discepoli.

Più tardi si ricordarono che il loro Maestro aveva annunciato loro che Egli era la risurrezione e la vita. In quel momento Gesù apparve in mezzo a loro e le porte si chiusero. Quando li vide tutti sorpresi, come se avessero visto un fantasma, li calmò dicendo: *"La pace sia con voi"*.

Quando lo videro, ebbero paura perché pensavano ancora che fosse morto. Ciononostante, erano felici di vederlo. Il Maestro chiese loro qualcosa da mangiare, ed essi gli diedero pane e pesce. Ringraziando il cielo, il Rabbino mangiò.

Mostrando loro le mani e i piedi, permise loro di toccarlo e fece loro sapere che con la sua passione si era adempiuto tutto ciò che la Scrittura aveva annunciato di Lui; e che, in virtù della sua passione, morte e risurrezione, erano destinati ad andare ad annunciare il Vangelo a tutti i popoli della terra.

Tommaso non era con gli altri quando il Figlio di Dio apparve loro risorto e, per quanto gli dicessero, non voleva crederci se prima non vedeva con i propri occhi le cicatrici dei chiodi nelle sue mani e se non metteva le dita sulla ferita nel costato.

Otto giorni dopo Gesù tornò a visitare i discepoli, entrando come prima con le porte chiuse. Quando ebbe annunciato la pace a tutti, chiamò Tommaso e gli ordinò di toccarsi le ferite e di infilare la mano nell'apertura del costato. Tommaso fu scosso quando vide le ferite del suo Maestro e commosso, disse:

—Tu sei il mio Signore e il mio Dio.

Al che il Maestro rispose:

—*Hai creduto perché mi hai visto? Beati coloro che non hanno bisogno di vedere per credere.*

Quando vide le mani trafitte dai chiodi, Giovanni, il più giovane tra noi, rabbrividì e non poté nascondere il suo imbarazzo, dicendo:

—Ahi, che dolore! Succederà anche a noi per averti seguito?

—*Molte sono le afflizioni dei giusti, ma l'Altissimo ci libererà da tutte.*

Quando abbiamo ascoltato il Maestro siamo rimasti tutti in silenzio, Giovanni non sembrava molto convinto e facendo smorfie si è mangiato le unghie.

Più tardi il Rabbino si manifestò anche alle donne, annunciando la sua gloriosa resurrezione. Cristo risorto è rimasto in mezzo a noi per quaranta giorni. In quei giorni ci insegnò molte cose sul Vangelo e sul Regno dei Cieli. Ha anche annunciato che presto ci avrebbe lasciato per salire in cielo.

Quello stesso giorno due discepoli del Signore erano in viaggio da Gerusalemme a Emmaus, a soli nove chilometri dalla città. Il Salvatore cominciò a camminare con loro sotto forma di pellegrino, senza farsi conoscere. Dopo una breve passeggiata, chiese loro di cosa stessero parlando e perché fossero tristi. Uno di loro rispose che era molto sorpreso che, venendo da Gerusalemme, potesse ignorare ciò che era accaduto a Gesù, che i sacerdoti avevano sacrificato. Si aspettavano che fosse lui a liberare Israele, ma era già il terzo giorno dopo la sua morte. Continuarono a parlare di ciò che era stato predetto nelle Scritture, e il Maestro li accompagnò a Emmaus. Arrivarono abbastanza tardi e, sapendo quanto fosse pericolosa la strada, lo pregarono di rimanere con loro. Si sedettero a cena, e il Maestro prese il pane, lo benedisse e lo spezzò. In quel momento scomparve. Lo stupore di quei due discepoli fu così grande che si interrogarono l'un l'altro e si dissero l'un l'altro: «Non si è forse infiammato il nostro cuore lungo la strada, quando egli ci ha spiegato le Scritture con tanta chiarezza?». Rendendosi conto che il Maestro si era manifestato a loro, tornarono a Gerusalemme per raccontare ciò che era accaduto loro.

*   *   *

Spinti dalla nostalgia, ci riunivamo per pregare e ricordare gli insegnamenti del Maestro. Pietro, essendo il più grande, cercò di farci incontrare e un pomeriggio ci invitò a pescare. All'alba non avevamo nulla da mangiare per colazione, perché, sebbene avessimo gettato le reti tutta la notte, non avevamo pescato nulla.

Stanchi e affamati decidemmo di tornare sulla terraferma e in quel momento il Maestro apparve sulla riva del Mar di Galilea e, vedendo il nostro disappunto, ci ordinò:

—*Getta la rete a destra della barca.*

Titubante, Pietro ci diede l'ordine e, con sorpresa di tutti, catturammo un gran numero di pesci, così tanti che riuscimmo a malapena a tenere a galla la barca. Tra canti e grida di gioia, abbiamo messo piede su una terra carica dei frutti del mare.

Giovanni corse ad abbracciare il Maestro, ed Egli, avvicinatosi, ci salutò dicendo:

—*La pace sia con voi.*

Pietro lo salutò e rivolgendosi a noi ci diede istruzioni per accendere un fuoco e arrostire del pesce. Quando si voltò, però, il Maestro si era già ritirato.

Per quaranta giorni il Rabbino veniva da noi, ci istruiva e poi scompariva. La sua presenza era come una brezza fresca che dissipava la nostra paura. Un giorno decidemmo di andare al Monte degli Ulivi, e mentre stavamo pregando, il Rabbino si manifestò in mezzo a noi. Stupito, Andrea lo salutò dicendo: "Pensavamo che ti fossi dimenticato di noi". Fu allora che ci fece una promessa:

—*Ovunque siano due o tre riuniti nel mio nome, io ci sarò.*

Quando abbiamo finito di pregare, ci siamo seduti per gustare una torta di fichi. Fu allora che il Maestro ci promise di nuovo che non saremmo stati soli, che avrebbe chiesto a suo Padre di mandare lo Spirito Santo. Sentendo questo, Filippo non riuscì a trattenere le lacrime e tra i singhiozzi disse: "Non vogliamo lo Spirito Santo, vogliamo te, resta con noi".

—*Filippo, non ti angosciare, io e lo Spirito di Dio siamo una cosa sola. Egli vi accompagnerà e vi ricorderà tutto ciò che vi ho insegnato.*

Allora Tommaso intervenne, dicendo:

—Ricordate che il Maestro ci aveva già detto: 'Io e il Padre siamo uno.

Poi, commosso dalla sua partenza, ha condiviso con noi l'ultimo desiderio del suo cuore:

—Andate dunque nel mio nome, insegnate e battezzate nel nome del Padre e del Figlio e dello Spirito Santo. Insegnate ad osservare i miei comandamenti, non siate angosciati e state tranquilli, io sarò con voi fino alla fine del mondo.

Quando ebbe finito di pronunciare queste parole, alzò le mani e ci benedisse. Poi levitava circondato da una nuvola. In quel momento, due angeli vestiti di bianco scesero dal cielo e ci annunciarono:

—Uomini di Galilea, che ci fate qui a guardare il cielo? Questo stesso Gesù, che è stato preso di mezzo a voi in cielo, ritornerà nello stesso modo in cui l'avete visto andare.

Pietro, con la voce rotta, pregò:

—Che la grazia del nostro Redentore sia con noi. Vieni presto, o Signore nostro Dio...

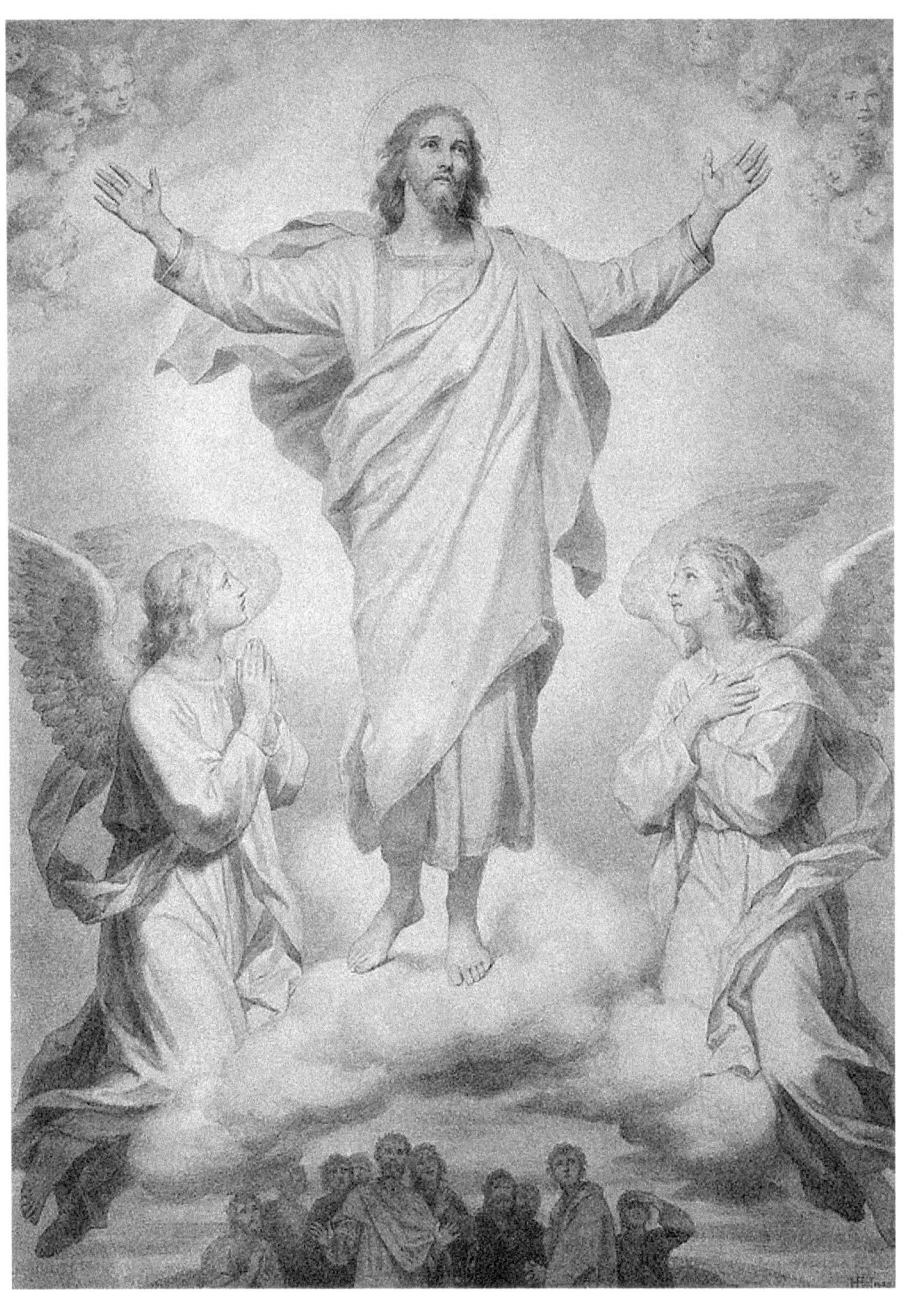

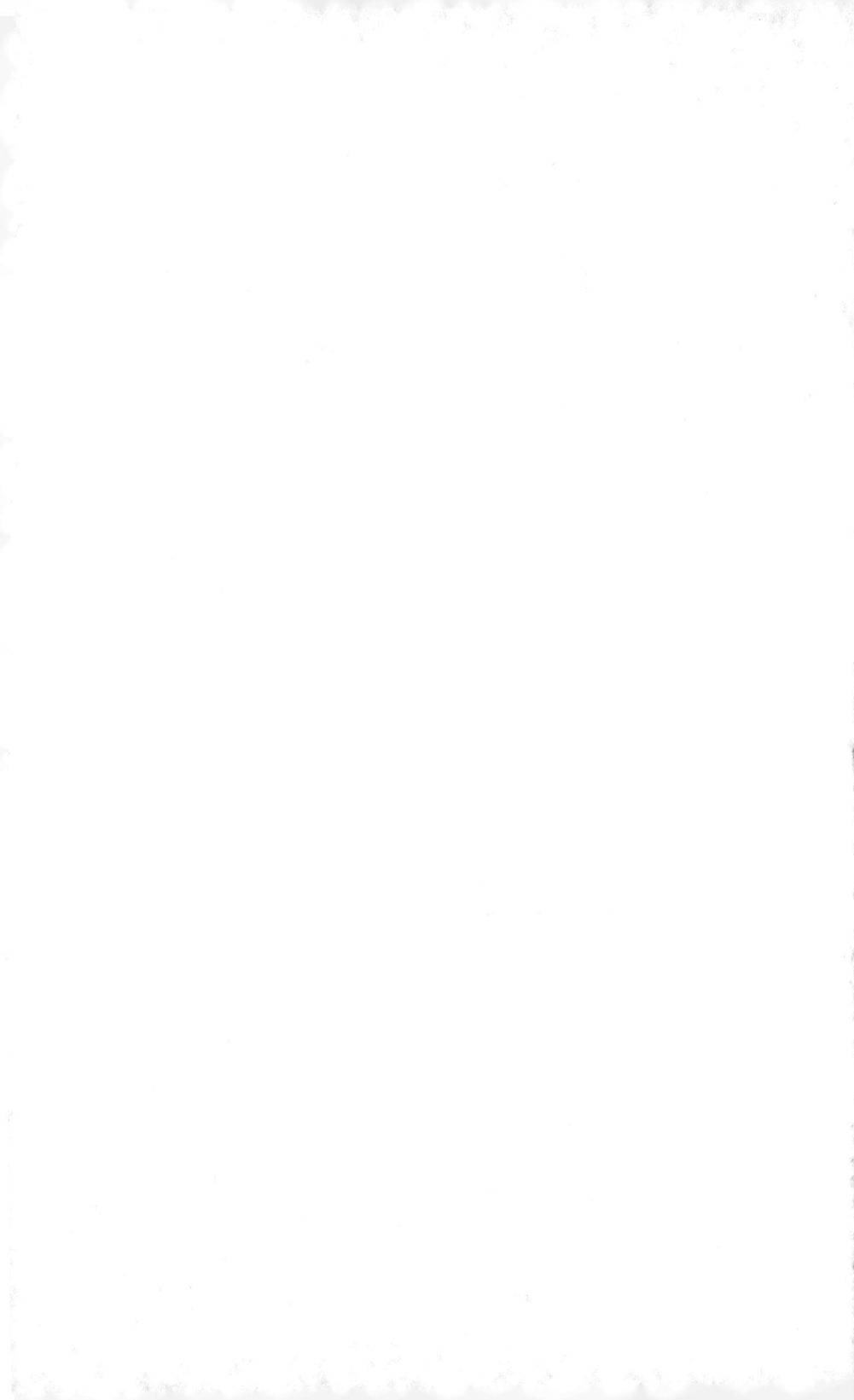

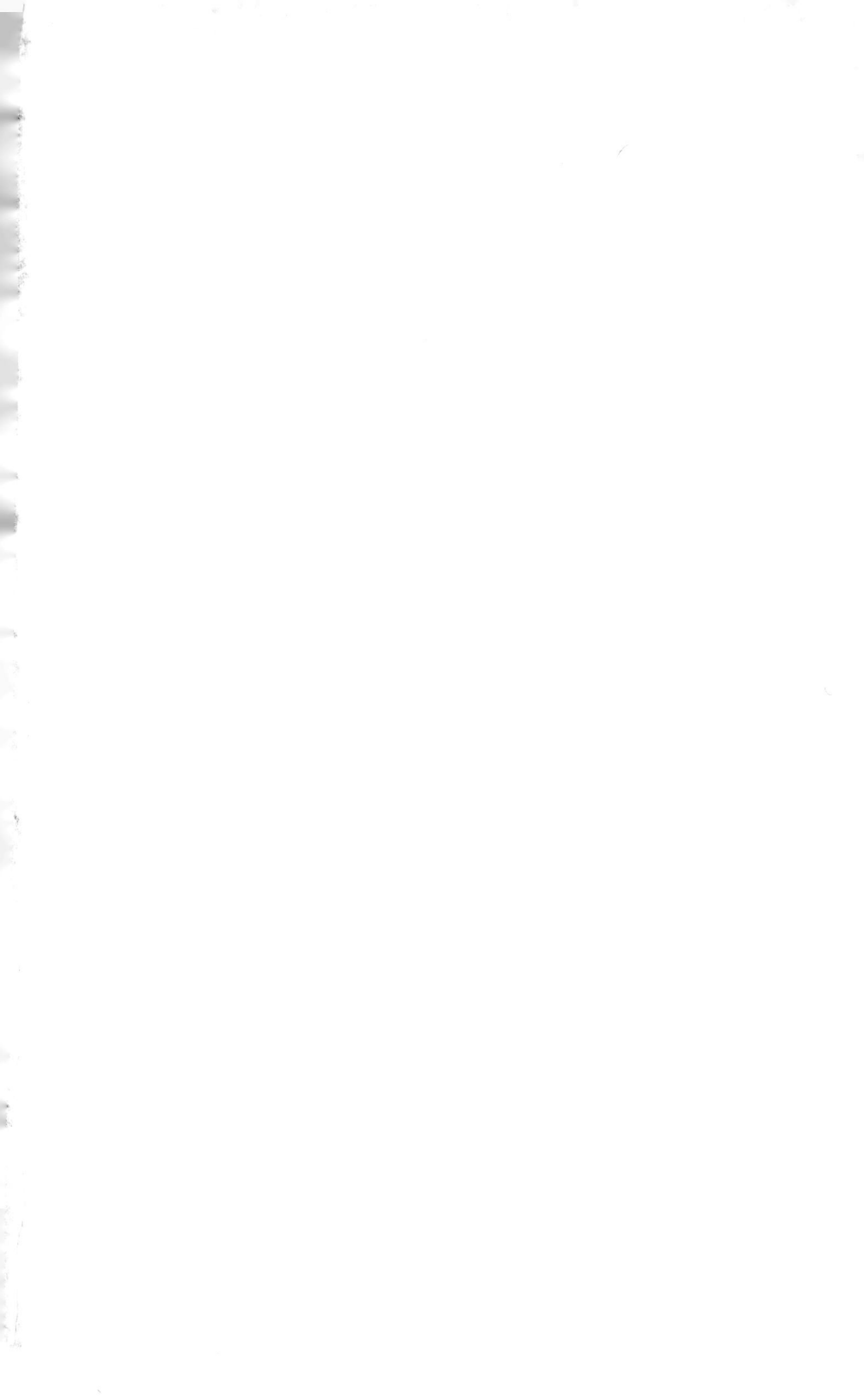

www.ingramcontent.com/pod-product-compliance
Lightning Source LLC
Chambersburg PA
CBHW052140220526
45471CB00004B/1460